Dagsfärskt 2020/366
Helårsrapport

DAGSFÄRSKT.

2020

Helårsrapport

Gunnar Stjernström

Tidigare av Gunnar Stjernström:

Dagsfärskt 2020 – De första hundra dagarna
Dagsfärskt 2 – Andra vågen
Dagsfärskt 3 – Versmåttet rågat

© 2021 Gunnar Stjernström
Förlag:
BoD – Books on Demand, Stockholm, Sverige
Tryck:
BoD – Books on Demand, Norderstedt, Tyskland
ISBN: 9789180076074

Vi skälvde i decenniets portal;
ett virus satte skräck i mänskligheten
På andra sidan vattnet var det val
med heliga principer på tapeten

Vår tid med 2020 blev fatal
och hade stor effekt på dödligheten
Vi klängde i en negativ spiral
med ständig press på vårdkapaciteten

januari 1-31

"Januari-partierna saknar samsyn"

DN/Ipsos. Allt fler väljare anser att synen på Sveriges problem skiljer sig hos S, MP, C och L

Nyheter. Ett år har snart gått sedan det så kallade januariavtalet slöts mellan regeringspartierna, S och MP samt C och L, och möjliggjorde för Stefan Löfven att bilda regering. När väljarna i februari tillfrågades om samsynen mellan de fyra partierna var kritiken betydligt mildare än den är i dag. Det visar en färsk DN/Ipsos-undersökning.

Mätningen i februari gjordes

när många väljare kände en viss lättnad över att regeringskrisen hade fått en lösning. Nu har det gått ett år och väljarna börjar se det faktiska utfallet. Det är förhoppningar kontra verklighet som vi mäter i den här undersökningen, säger Nicklas Källebring, analytiker på Ipsos.

DN går i dag igenom de svåra frågor som väntar kvartetten under 2020 **Sidorna 4-5**

---

1 jan

December är över och framtiden hägrar,
blir det som förr eller kommer nåt nytt?
Jag sliter mitt hår, bejakar och vägrar,
blir jag mig lik eller helt som förbytt?

Men väljarna kör det gemensamma spåret
och ogillar skarpt alla anomalier
Att välja blir svårt under resten av året,
just nu har vi dock - januaripartier!

2 jan

Det blåser längs våra kuster,
det kan vi bli rika på,
men vinster vägs mot förluster
och tillväxten går i stå

Miljövänlig el från suset
mot tumlares fortbestånd
Klimatsmart värme i huset
mot framtida fredstillstånd

Hur jämför man päron och äpplen,
om vågen har olika mått?
Är moroten eller käppen
rätt medel mot regelbrott?

Det blåser längs våra stränder,
den källan tar aldrig slut
Det blåser fast vinden vänder
och irrblossen slocknar ut

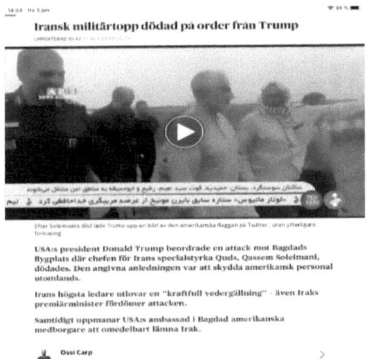

3 jan

Obama fick Usama,
det kan han inte tåla
Så får vi detta drama:
James Bond på anabola

Han skjuter vilt i öknen
på skäggiga muslimer
Med skräck vi ser runt kröken
hur skymfade regimer
ska ut och vedergälla,
förnedra, kränka, hata
De gillrade en fälla
och fick den "store Satan"

Nu får vi bara hoppas
på positivt besked;
att upptrappningen stoppas
i tid för världens fred

4 jan

Idyllen har sina prång,
om än i en skyddad miljö
De utsatta står på kö
av längtan, men också av tvång

Han jagar idyllens rus
i brist på dess innebörd,
men jägaren är förförd
och lägger sig utan krus

Idyll är ett bedrägligt fenomen
som kanske bara spelas på en scen;
den är nog inte lätt att vistas i

Besökare får stanna i entrén
De vackra ornamenten är ett sken
Idyll är nära släkt med utopi

12

Zlatanstatyn vandaliserad igen – avsågad vid fötterna

UPPDATERAD IDAG 13:53
PUBLICERAD IDAG 03:24

Zlatanstatyn har vandaliserats på nytt. Någon har sågat av statyn vid fötterna, vält omkull den – och satt en Sverigetröja över huvudet. Nu forslas den 500 kilo tunga bronsstatyn bort för reparation.
– Man borde ha flyttat den direkt, lämpligt vore uppe i Stockholm, säger Malmöbon Mats som var på plats när statyn fraktades bort.

Under natten mot söndagen började bilder på den välta statyn spridas i sociala medier, avsågad vid fötterna och liggandes mot ett staket som gett vika.

På platsen stannade flera människor för att fotografera den senaste vandaliseringen.

– Jag pratade med folk som inte tyckte att det var oväntat att det hade skett, men att det var tråkigt, säger SVT:s utsände Mikael Nilsson som kom till platsen vid 02-tiden.

5 jan

Vid revolutioner rasar statyer,
när makten fällts krävs ljusare vyer
Här saknas dock revolutionens dån,
man vanhedrar bara stadens son

Igår var han hjälte, nu hånas han,
snarstuckna busar fäller sin man
De härjar och tror sig ha tolkningsrätten,
men är som pygméer vid sidan av jätten

Låt Zlatan få njuta den hyllning han fått
och ursäkta inte ligisternas brott
Var gång nån förstör en rivals monument
så öppnas en dörr till fascismen på glänt

6 jan

Tänk, orden ändrar mening över tid,
vokabulären är väl inte helt solid

Förr höll vi ljuset borta med en skärm,
nu glor vi dagen lång på samma term

Och string är väl en mycket märklig glosa?
En väggbokhylla omvandlad till trosa

De progressiva flyttade till villor,
nu återstår blott progressiva brillor

En kändis kallas nu för "influencer",
helt utan drag av gråa eminenser

och många av oss rörde sig som joggare;
barnen våra tar sig fram som bloggare

Ack, språket tar oss ut i nya marker;
jag står här vid rouletten - utan marker...

14

7 jan

Några skräms av att flyga i luften,
andra skäms av att flyga i luften

Några flyger i luften för jämnan,
andra föredrar att stanna hemma

Näringslivstopparna är inte blyga,
de argumenterar för rätten att flyga

Men Frankfurtlinjen gick ju putten,
så nu är det hög tid att lägga om rutten

Bolagen önskar ett eget plan
som tar dem till kunder i Långtbortistan

Kruxet är att de inte vill satsa;
notan ska skickas till dem som beskattas

Det lobbas och kohandlas med politiken
och sen blir det vi som betalar trafiken

8 jan

Vi bytte ringar för många år sen,
men var väl inte normala
Det var förstås långt innan ädelstenshaussen
och vi skulle själva betala

Idag är det viktigt att unna sig lyxen,
det bländade ögat får sätta nivån
Ståndsmässig bostad och dyrbara smycken
löses med övertid, nudlar och lån

Ring, klocka, ring är accessoarer,
lyckoersättning som tär på förråden
Gnistrar som stjärnor, men ni bedrar er,
bländande bara för den som kan koden

9 jan

"Gode gud välsigna maten, amen",
så sa vi när jag gick i första klass
Det var rätt harmlöst, om jag får va krass,
men de skulle formas, de små lammen

Åren kom och gick på 60-talet,
Kristendomskunskap blev Religion
Och kyrkan fick en sämre position
när folkhemsanden slunkit ur fodralet

Nu irrar vi i postmoderna tider
och sätter högst att vara individer;
vår välfärd skrivs numera ut som check

När rikedomars omfång sätter tonen,
när skolor öppnas upp för religionen,
då får min panna nya djupa veck

Endast halva försvarsbeslutet kan genomföras

Bristen på pengar inför höstens försvarsbeslut slår hårdare än vad som hittills varit känt. Endast halva Försvarsberedningens förslag kan genomföras till 2025, enligt ett besked från överbefälhavaren. Politiker från flera partier reagerar och vill genomföra hela beredningens förslag.

10 jan

Ett halvt beslut är svårt att genomföra
och halvan följer oftast på en hela
Jag undrar vad soldaterna ska göra
med utrustning som inte går att dela

Försvar som leds av Helans kompis Halvan:
En munsbit för vår fiende i öst
Det hissas vit flagg efter första salvan;
då ger försvarsbeslutet föga tröst

Nej, låt oss vara utan halvmessyrer,
halva luftvärnsvapen, halva JAS,
och här ett tips till er som inte bryr er:
Ett halvt beslut kan bli ett helt moras

11 jan

Med spända fingrar vilande på vapnet
i väntan på en motsedd hämndåtgärd
Med skräcken för en starkt fientlig värld
han darrar när han stirrar in i gapet

Då kommer något flygande på radarn,
ett ljussken blixtrar till i ögonvrån
Sambandsradion dränks i motordån,
ett ångesttryck på knappen vållar skadan

Så blir det tyst och mörkret drar ifrån
Det står då klart att livet är ett lån
för alla som fanns med i haveriet

En fotsoldat med alltför stort mandat
får dö med skam för detta attentat
då 170 mänskor miste livet

12 jan

Vi hamnar i rasisternas agenda,
i gamla medier och i sociala
Tendensen verkar omöjlig att vända,
fast frågorna helt nyss var ganska smala

Vad är det då som bubblar upp till ytan?
Hur länge har det legat där och puttrat?
Har toleransen vart ett sätt att skryta
för folk som hela tiden gått och muttrat?

Förr kände man igen våra nazister,
de var rätt få och gick i uniformer
Nu kan de vara grå som folkpartister
och låtsas gå emot elitens normer

På nätet går de ut med pseudonymer
och delar folks rasistiska appeller
Sen tar de på sig slipsar och kostymer
och mästrar oss med grafer och tabeller

20

Då får de plötsligt stå i nyhetsmedier
och sprida sina grumliga idéer
Som utsända från allsköns tankesmedjor
de frågas ut om romer och moskéer

Vi sitter med rasisternas agenda
i gamla medier och i sociala
Vi fattar inte hur det kunde hända,
hur människoförakt blev det normala?

13 jan

Att undkomma är att ha änglavakt,
att stå vid ett stup med dödsförakt,
att falla i en skreva
och ändå överleva

En skinnjackssvidad änglavakt
har bara den med dödsförakt
När ängeln vaktat färdigt
blir slutet vedervärdigt

De gäckar hela rättssamhället,
släcker liv för uppehället,
förorenar luft

Dundrar gärna fram i klunga,
att sånt liv kan locka unga
trotsar sunt förnuft

22

14 jan

Nazisterna sticker ett finger i luften
och känner vart vinden blåser
De har sina enkla poser
och får många missnöjda med sig på bluffen

Men när de nu känner den hårda blåsten,
då kan de väl satsa på snurror?
Nej, då är de rädda för fnurror
på tråden till Ulf, och att missa båten....

...som går till en ögrupp som kallas regering
Då måste man gå försiktigt,
att väga orden är viktigt,
och utreda risken i varje placering

Förr sträckte nazisterna armen i luften,
nu räcker det med ett finger,
Och sen, när Kristersson ringer,
så krävs det att nån vågar syna bluffen

23

15 jan

I Värmland finns de som gör egen sprit,
det jäser i uthus och bodar
Björn Gillberg har tänkt göra sprit med profit,
i stor skala, får man förmoda

Men någonting måste bestämt ha gått snett,
månntro kan det va politiken?
Han har inte destillerat en skvätt
och vi ser ingen skymt av fabriken

Han verkar väl klara sig skapligt ändå
så länge nån tror det ska lyckas
Med aktieägare som fyller på
- det är lite stolligt, kan tyckas

16 jan

När riksdagens mandat är fyra år
så kunde vi väl skriva in i lagen,
att val ska ske på den unika dagen
som bara äger rum vart fjärde år?

Då slapp vi höra prat om extra val
och kunde jobba på med det som varit
Då blir det val den sista februari
vartenda skottår - utan undantag!

17 jan

En gamäng vänder åter till barndomsstaden
och makthavarna söker plats på estraden
och solar sig i hans glans
- Nu kanske vi har vår chans?

Får man köpa en kåk för halva priset
för att säljaren tror på att paradiset
ska flytta till tomten intill
- Tror fan att man slår till!

Sol-och-vårare har väl i alla tider
kunnat lägga fram orden som förvrider
den lättleddas framtidsbild
- men den här fantasin var vild!

Hade köparen trott att det skulle lyckas?
Det var ju knäppaste laget, kan tyckas,
men nu är det verklighet
- och sen är det ingen som vet

Men som vanligt var paradiset en saga
med lyster och färg, men detaljerna vaga
Kvar har vi ett bortslumpat hus
- och en gambler i sus och dus!

26

18 jan

Ibland kan vi alla bli lite dementa,
vi glömmer namnen på mänskor vi minns,
vi missar en räkning som inte kan vänta
och kan inte hitta saker som finns

Men här är det doktorn som glömt diagnosen,
förlagt journalen med alla symtom
Han kanske har vittjat ett skåp på Narkosen
och omtöcknad format ett nytt idiom?

Han lekte nog Memory med diagnoser
och glömde bort vilka krämpor han vänt
De sjuka fick tävla om goda prognoser
och den som blev utan fick vara Dement

Så förvandlades svenska posten till en utskälld förlustmaskin

19 jan

Brevet på posten och amen i kyrkan,
två bastioner på väg att ge tappt
Präster och postbud har ej längre styrkan
att stå som garanter för "säkert och snabbt"

När nu postiljonernas plikttrogna skara
inte får springa med brev och kort
Vad ska de göra och var ska de vara?
Epost med frimärken blir inte stort

Om brevbärarna ställs ut på muséer
med helfigursmontrar att visas i
Kan pengar dras in via dyra entréer
och då blir det uppgång för filateli

När frimärken inte mer finns till försäljning
kan postbuden leta bland förstadagsbrev
och rädda Postnord med en ansenlig penning
som likvid för breven som ingen skrev

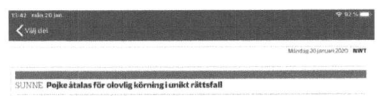

20 jan

Varken EPA-traktorer eller mopeder
får köra på vägskilda motorleder
På landsvägen, dock, är villkoret fyllt
om åket försetts med en trekantig skylt

Då får glesbygdens tonåring ta sig en repa
och bromsa all annan trafik med sin epa
Som tur är så kör han väl oftast för fort,
men får förstås sota för det han gjort

"En bugg i systemet, jag rår inte för det",
sa grabben som satt bakom ratten och körde
och skyller ifrån sig på tonårsvis
när han blir ertappad av en polis

Och visst kan man ana en bugg i systemet,
men då är det epan som utgör problemet
Min lösning är enkel: Förbjud denna bugg!
(Det var väl ett snyggt alexanderhugg?)

29

21 jan

Butiker med drogad personal,
känns udda att stöta på
om man inte är på musikfestival,
där många går i det blå

Man undrar om prisnivån också blir hög
om biträdet går i ett rus
Nej, då är väl gratis kundbesök
en mer sannolik sinkadus

När hunden dök upp var det kennelvisit,
poliserna bjöds på en holk
Det var mysigt och livat och full tillit
- som avbröts av razzians folk

Möra senatorer vid riksrättsrättegång

UPPDATERAD IDAG 07:16
PUBLICERAD IDAG 07:16

Riksrättsrättegångens första dag i den amerikanska senaten har blivit en utdragen historia. Inledningen skedde på eftermiddagen, lokal tid, och fortsätter trots att klockan passerat 23.

Riksrättsprocessen handlar om president Donald Trump missbrukat sin makt och hindrat kongressens arbete — de två formella riksrättsanklagelser som nyligen godkändes i representanthuset.

Flera senatorer sågs flera timmar innan dess sträcka på sig, titta återupprepat på klockan och viska till varandra, innan den republikanske majoritetsledaren Mitch McConnell meddelade middagspaus på en halvtimme.

22 jan

När brottslingen sitter med majoriteten
i juryn, vad tänker då allmänheten?
Ursäkta, men var har vi rättssäkerheten?
Är denna demokrati så sketen?

Utan att lyssna ska varje senator
fria sitt eget partis agitator,
som tagit sig friheter som en diktator
och hetsat mot Clinton på folkmobbens gator

Vem trodde väl att något sånt kunde hända
med Lincolns parti, det gamla och kända?
Gamla idéer blir upp-och-ned-vända
med fastighetspsykopatens agenda

23 jan

Vad som betraktas som sevärdheter
beror väl på olika erfarenheter
Putsar man Mercan i varma garage
kanske man lockas av rostekipage?

Årjäng behöver nåt mera än trollet
och måste gå utanför protokollet
Då kanske en rostig bilkyrkogård
kan lyfta kommunen till nya rekord?

Att dra många norska turister till orten
är väl precis vad som ligger i korten
Vad smäller då högre som utflyktsmål
än en förfallen bilnekropol?

Virusrädslan sprider sig

Miljonstäder stängs. Nära 20 miljoner kineser isolerade – nyårsfirande ställs in och myndigheterna har infört strikta restriktioner för resandet.

24 jan

Vi lever i globaliseringens era
när allting finns överallt, varje stund
Klimatet är gränslöst, vi blir bara flera,
den som är vaken får inte en blund

Kineserna reser runt jorden och tittar
på sevärda vyer och underverk
Pigga bakterier och virus som smittar
flyttar sig kvickt och ger sjukdom och värk

Hur man än kämpar mot dessa baciller
får man dem aldrig att sluta bli fler
Forskarna uppfinner sprutor och piller
och gud nonchalerar de böner vi ber

Nu stänger man inne miljoner kineser,
försöker med våld hålla smittan i schack
Hjälper det inte att ta dem som reser
kan följden bli svår som en terrorattack

25 jan

Huvudnyheten i dagens blad
tonar fram som en riktig skräll
En nyhet så rykande aktuell
och plötslig som en krevad

Senaste nytt hände inte igår
eller innan det sattes på pränt
Nej, senaste nytt har ännu ej hänt,
det kommer om tio år

Då kommer de stackars Dejebor,
som plågats så svårt av mygg
- och så när tvingats ned på rygg -
att slippa ur insektens klor

Ledare: Dags att vakna ur Boris Johnsons drömmar

26 jan

Boris tronar på minnen
från imperiets fornstora dar
Nu kämpar han med alla sinnen
för att rädda det som blir kvar;

det som återstår när han har kapat
alla band till den kontinent
där länder tillsammans har skapat
ett fredstida experiment

Han drömmer om att få diktera
premisserna i ett kontrakt
som tilldömer britterna mera
än i avtalet som är uppsagt

Det är såna naiva drömmar
han har lurat in väljarna i
När han synas i sina sömmar
får han förmodligen tji

27 jan

Du kan banta med smör,
du kan banta med grönt,
du kan banta med sega råttor
Enkla formler förför,
men det är inte lönt,
för i alla metoder finns blottor

Det enda förslag
man kan ha som modell,
ja, det säkraste knepet vi känner,
är att strängt från idag
följa denna appell:
- Ät mindre än vad du förbränner!

28 jan

Facebook för människor samman,
vi håller kontakten så lätt
Man bjuder till fest och gamman
- tänk allt vad tekniken gett!

Föreningar kallar till möten,
barnen hör av sig allt mer,
och de som är heta på gröten
kan finna en ny kavaljer

Om "oftare, snabbare, mera"
är bättre, beror på kontext
Vi kan bara konstatera:
- Även fylleslagen har växt

Expert: Fredsplanen en bricka i valrörelser

29 jan

Två ledare ses hängande på repen,
märkta som de är av korruption
Då tar de till det enklaste av knepen
och satsar på en dödfödd illusion

Som Joe Labero blandar de bort korten
och kallar inget för sitt rätta namn
Sen kör man urbefolkningen på porten
- de blir som sjökaptener utan hamn

Där vaggan stod för trenne religioner,
med nyckelord som kärlek, hopp och frid,
man skipar rätt med jordockupationer
och hämnas varje oförrätt med strid

Två hycklare finns ännu kvar i ringen
och duckar för processer hemmavid
Av eftergifter ser vi ingenting än
och ingen fred kan skymtas i vår tid

Efter brexit – EU:s yttre gräns dras genom hans kök

30 jan

Gränsdragning är ett unikt fenomen
där du och jag saknar makt
Den sker på en storpolitisk scen
och röjs först när kortet är lagt

Ibland dras gränserna med linjal
i länder man aldrig sett
Ibland slutar sena förhandlingssamtal
med kråkfötter på en servett

Nån gång var det bara en missionär
eller kanske en kolonist
som tillfälligt råkat stanna där
det skapats en gräns till sist

Ibland köps länder för en dusör
eller utväxlas i kontrakt
och ett folk följer med som tillbehör,
planerat och överlagt

Bergskedja, öken eller en flod
kan ofta bli till en gräns,
eller den front där soldaterna stod
när parterna kom överens

Ibland går gränsen genom ett hus
eller genom en grön berså
Slumpen kan således vara burdus
och vi människor är så små

DAGENS NYHETER.

Nedräkningen är över

Parlamentet förändras. Högerpopulisterna blir vinnarna när britterna åker hem
Svåra förhandlingar väntar. Experterna tror inte att avtalen är klara till årsskiftet
DNs Katrine Marçal: Flera historiska datum har lett till dagens skilsmässa
Ledare: Storbritannien kan lämna unionen - inte segla i väg från Europa

31 jan

Britterna lever i kustmiljö,
så som det blir, när man bor på en ö
Våra förfäder, skäggiga sjökaptener
seglade dit och spred sina gener

Statsskicket kallas för monarki,
så kung kan bara nån kunglig bli
Av tänkare har de en riklig flora
Smith, Darwin, Mill - och andra stora

De har aldrig väjt för att kriga och slåss,
nu senast offrade de sig för oss
De skickade båtar med unga soldater
som landade i ett regn av granater

när ingen del av kontinenten var fri
och Hitler förskansat sig i Normandie
De hjälpte Europa undan despoten;
så svårt att förstå att de ger oss på båten?

De hade ju medlemskapet som mål,
men stoppades två gånger om av de Gaulle
Så småningom, efter Profumoskandalen,
grävde de tunnel under kanalen

Sen har de försett oss med popmusik
och fått oss att skratta åt filmkomik
Även om nordsjöklimatet är rått där
har de ju givit oss Harry Potter

Idag är det få som minns Dagen D;
nu lever knappt nån av dem som var med
Den fasa som glömts var reell härförleden
- när minnet är kort riskerar vi freden

Men vi kan inte vända, Big Ben tickar på
Kompassen är borta, vi står i depå
Det börjar bli mörkt och jag känner mig tagen
- det känns som natt klockan tolv på dagen

februari 1-29

Osäkert för pensionssparare om Allra-pengarna

1 feb

Profiter och vinster för våra skatter,
skolpeng och checkar till äldreomsorg
Fonder med avgifter utan rabatter
kursas på skattebetalarnas torg

I tider när ockrare fick sitta inne
var fängelsekosten blott vatten och bröd
Nu får man gå på med sitt liv på en pinne,
med fondprovisioner som understöd

Finns det en gräns där det allmänna bästa
kunde få förtur i prioritet?
Kan en devis som "älska din nästa"
händelsevis bli ett nytt epitet?

Usla siffror – men Löfven slipper krav på att avgå

Tuff januari. Socialdemokrater vill ändå inte skylla på sin ledare

2 feb

I medierna styr det politiska spelet
allt man förmedlar till konsument
Man pekar på den som är skyldig till felet
när siffrorna i opinionen har vänt

Vem som tar vem, får uppta allt fokus
och vilket parti som ska krympa i år
Av den analysen blir mest hokus-pokus
om vad nån *egentligen* föreslår

Förväntar sig medierna stora protester
blir det en nyhet när så inte sker
Då blir det rubriker och yviga gester
av omständigheter vi inte ser

Men om man har tröttnat på medielogiken
med tjatet om parningslek kväll efter kväll
Får man helt sonika svälja kritiken
och anstränga sig för att tänka själv

3 feb

Nu har de värmt upp och ska snart ned i blocken
i semifinalen till höstens val,
men ingen har hämtat sig från förra chocken
när lögnaren vann efter grymt förtal

Nu stundar en kamp mellan flera seniorer
om vem som ska fajtas en titelmatch
Alla kan Washingtons maktkorridorer
och tror att de kan sätta Trump på plats

Två grånade herrar och en vit kvinna
tävlar om vem som ska ha en chans
att argumentera och slutligen vinna
mot skrävlarens gränslösa arrogans

Kampen blir hård, det är svårt att sia
om vem som blir utmanare till slut
Vi kan bara hoppas att hen sen befriar
landet, så världen kan andas ut

4 feb

Att dåligheter byter namn,
det vet vi sedan länge,
men män som köper sig en famn
och idkar könsumgänge
bör kallas torskar, rätt och slätt,
och inte sockervänner
Det är väl inte mer än rätt
att säga som vi känner?

En hallick är en cynisk typ
som skor sig på sin nästa
och torsken är ett litet kryp
med sedelbunt som frestar
Nätet är som alltid med
och underlättar smörjan,
där fattigdom och utsatthet
är orsaken från början

Dokumenterade brott.

Risk för värre våld när gärningsmän filmar sina offer

5 feb

Vi människor, om aldrig så belästa,
tycks märkligt attraherade av våld
När hyfs och bildning redan tycks befästa,
kan strider rasa utom all kontroll

De satt och stickade intill schavotten
och jublade när giljotinen föll
Vi klickar gärna fram de grövsta brotten,
men gäspar åt notiser om nån stöld

Vi har nog inte skördat allt vi sått än,
man trubbas av till slut av det man ser
När nävarna ska fram i spelavbrotten,
då skriker hela ståplats efter mer

Att tro sig själv om bättre är förmätet,
man får försöka göra vad man kan
Om någon sände ut sitt brott på nätet,
så fick vi hjälpas åt så det försvann

En ensam röst förklingar lätt i rymden,
men många kan tillsammans säga stopp
Den kalla verkligheten är ju grym, den,
men finns det tro, så finns det också hopp

Den friande domen visar Trumps
starka grepp om Republikanerna

6 feb

Det gick som alla trodde,
hur än Pelosi gnodde;
han friades till sist
Den ängsliga senaten
försvarade kamraten,
vår ärkenarcissist

Med detta falska friskintyg
förblir han outhärdligt dryg
och svårare att spöa
Den utkorade demokrat
som blir partiets kandidat
kan knappast gå och slöa

Men hur besegra en som sitter
långa nätter framför twitter,
månntro med samma grepp?
Kanske skrävla utan gränser?
Muta någon influencer?
Med personangrepp?

Hur som helst kan det bli svårt,
motståndet är faktiskt hårt
Reklam på vita duken?
Trump blir marig att klä av,
ljuger som en häst i trav
Kanske sno peruken?

Viktor Orbán och
Ursula von der Leyen.
Foto: François Walschaerts/AFP

Ledare: EU får inte vika sig för de auktoritära

7 feb

Så svårt det är att vara samhällsdoktor
och ordinera hjälp vid nästa kris
Det blir en kur som lätt får många blottor
- på framtid är ju var och en novis

Det vanligaste är att förra krisen
blir facit när man ställer diagnos
och även den förnämsta expertisen
har då rätt svårt att göra sin prognos

När Hitler fallit spådde ekonomer
en 20-talsbetonad recession
Den teorin gick snart upp i atomer
med välstånd och en ökad konsumtion

När EUs grundlagsfäder skrev fördragen
om fredlig handel som en dunderkur
mot nya krig, var ingen där upptagen
av frågan: Vad man gör när nån går ur?

När muren föll fanns ord på mångas läppar
om slutet på ett utdraget förlopp
Kanhända går de kännarna och deppar
när utvecklingen släckte deras hopp

Att länder som gjorts om till rättssamhällen
sen skulle gå tillbaks till despoti
var otänkbart, som att nån släpps ur cellen,
men vägrar att ta steget och bli fri

Ja, lömska virus kan förstås mutera
så kuren inte biter nästa gång
Men ändå måste samhället agera,
fångat i en ändlös sorgesång

8 feb

Nu rusar svenskarna till apoteken,
nu ringer man till 1177
Snart skriker alla löpsedlar om sveken,
om allt som inte gjordes fram till nu

Sen översvämmas internet av rykten
med klart konspiratorisk underton,
där någon kanske trott att någon tyckte
nånting som säkert bara är fiktion

Nu pratar alla hetsigt om corona
och munskydden har redan tagit slut
Vår oro upphör aldrig att förvåna
- en kronisk ängslighet som måste ut?

Men ryktena som ändå inte stämmer
och hälsoskydd med tydlig strategi,
gör rädslan till det enda hot som skrämmer,
men den kan stegras till en pandemi...

9 feb

Sån tur för oss att klyftorna har ökat,
det ger ju plats för mer filantropi
Mer tobak gör att fler kan sluta röka,
förstår man utan encyklopedi

Man undrar bara över vilket sekel
det är, som kan ha fött en sån vision
Har 1800-talet hissat segel
och satsar på comeback i vår nation

Försiktigt plockas gifter fram ur skåpen
som inte nyttjats sedan många år
Vi ser vår nya hjälte filantropen,
vars rikedomar ingen förebrår

Visst njuter han i skatteparadisen
och köper sig ibland ett litet slott
Visst fick rätt många sparken under krisen,
men innerst inne vill han göra gott

Bereden väg för flera miljardärer,
ge möjlighet för fler att rulla hatt
De gynnar oss vid lyckade affärer,
donerar hellre än betalar skatt

Det blir en renässans för fattigvården,
de utsatta får varsin tiggarcheck
med verklig valfrihet för den som får den
- vilken filantrop ger bäst effekt?

10 feb

Den gamla högern såg på oss "von oben"
och spjärnade emot demokratin
De har ett antal lik i garderoben
av adelsmän och vurm för monarkin

Nu vill man fylla på med ännu flera
med rötterna i Hitlers maktparti
Om det blir trångt så får man omplacera,
så garderoben blir partikansli

11 feb

En malpåse för Sveriges småsamhällen,
ett sånt förvar är ändå synd och skam
Det bor ju människor på dessa ställen
och när ska de få nåd att plockas fram?

En malpåse är tillfällig förvaring,
i väntan på att åter bli till gagn
Då vill man gärna ha en bra förklaring
till detta märkliga arrangemang

Många svenskar bor kring stora städer,
men resten av oss finns nån annanstans
Bespara oss en säck för gamla kläder,
vi är förtjänta av en andra chans

Så låt oss till exempel få behålla
de skatter som tas in på malm och skog
Då fick vi kanske chans att slippa trolla
för att ge äldrevården pengar nog

Och fick vi oss en stadig inkomstkälla,
så slapp vi extrapengar kors och tvärs
Då skulle vi kanhända sluta gnälla
om landsbygdens problem på rimmad vers...

Minskat stöd slår mot elever med särskilda behov

12 feb

Det blir så med vår tids moderniteter,
som valfrihet och jobb på egen hand:
Lätt - för den som vet vad allting heter,
med två föräldrar ifrån samma land

Svårt för den som saknar nån att fråga
och den som har ansenliga behov
Då kan en småsak trotsa ens förmåga
och ovillkorligt sätta en på prov

Gör-det-själv är svårast för de svaga
Som valfrihet för den som inget vet
Som fattiglappens rätt att överklaga
Som uteliggar'ns rätt till lägenhet

Som rådgivning på nätet utan dator
Som nyutskriven utan nån kurator
Som farligt njursjuk utan nån donator

Låt automatisering och förändring
få underlätta livet varje dag,
men blunda inte för att varje vändning
rätt ofta även medför obehag

Vi vill ju gärna vara rationella
och göra rätt från början jämt och samt
Ett krav som då känns passande att ställa
är en moderniseringskontrollant

En myndig ombudsman som kan försvara
de offer som förändringen har fällt
Fördela frukterna och ta tillvara
allt gott hos dem som har det sämre ställt

Föreningar kritiska efter FBK-avtal

KARLSTAD Över sju miljoner årligen får Färjestad BK av kommunen enligt det nya avtalet, som bland annat innefattar reklam och xstid.

Flera föreningar i Karlstad riktar nu kritik mot kom-

munen och vill själva få ett större ekonomiskt stöd.

Orättvist att allt går till Färjestad. Vi har tagit tolv SM-guld till Karlstad. Vi är ett starkt varumärke lokalt, regionalt och nationellt. DI • S6

13 feb

Matteus 13:12

Åt den som har skall varda givet,
ja, så är det här i livet
Färjestad vill ha ett proffsigt gäng,
kommunen bjussar gärna på en peng

Från den som icke har,
skall tagas också det han har
I Karlstad siktar flera lag mot toppen,
men saknar rätta blandningen i koppen
Kommunen gav oss bättre klubbanslag
om staden inte haft sitt hockeylag

Åt den som har skall varda givet,
spelare med rätta drivet
kasserar in en saftig månadslön
och drömkontrakt, allt enligt säkra rön

Från den som icke har,
skall tagas också det han har
En Karlstadsstjärna utan puck och klubba
förblir en knekt som kungen inte dubbat
Om han ska ha sin sport som levebröd,
så blir det kanske med försörjningsstöd

Regeringen utreder social dumpning

14 feb

Att skyffla utsatt folk på någon annan
kan knappast kallas solidaritet,
men nu kan storstan skicka bort varannan
och skylla på vår fria rörlighet

I gamla tider kom man inte undan,
då fanns det föreskriven hemortsrätt
och hemkommunen kunde inte blunda
för omsorgen om dem som hamnat snett

Nu bjuder man dem bara på biljetten
till landsorten - visst är det oförskämt!
Man för dem till en plats de inte sett än
och hoppas att de inte hittar hem

Bankhaveri drabbade miljontals kunder

Driftsstörningar satte stopp för alla Swedbanks tjänster under natten till fredagen. Även Swish påverkades. Strax efter nio på fredagsmorgonen var viktiga funktioner i gång igen men kunder kunde fortfarande märka av störningar på eftermiddagen.

15 feb

En bank har aldrig pengar varje dag åt var och en,
den bygger sitt förtroende på bankpalats av sten
Det funkar till den dag då alla kunder är på språng
och vill ha sina pengar allihop på samma gång

I gamla dagar tog det tid att få information
om banken var på dekis eller i likvidation
Idag vet alla om det överallt i samma stund
och flyttar sina pengar i en app på en sekund

Förtroendet är därför lika viktigt nu som förr,
men banken finns på nätet och har ingen massiv dörr
Insättningsgarantin, förstås, men också säker drift,
är sånt som bygger tillit till en stor samhällsuppgift

Då blir det katastrof när appen plötsligt går kvav
och ingen vet om banken nu kan matcha deras krav
Det hjälper inte med ett ståtligt bankpalats av sten,
om ingenting fungerar har man sågat av sin gren

Mässling och difteri sprider sig i Europa

Världens blickar riktas mot Kina och epidemin av det nya corona-viruset. Samtidigt sprider sig ut-brott av mässling och difteri mitt i Europa. I Ukraina vägrar allt fler föräldrar att låta vaccinera sina barn. Nästa utbrott kan bli polio. DN:s Anna-Lena Laurén berät-tar historien om varför vaccina-tionsmotståndet växer.
Nyheter 12-16

16 feb

Tänk, människan, så sammansatt,
hon ger oss både gråt och skratt
Hon uppfinner och hon förstör
med lika glatt humör

Först skapar hon penicillin,
en riktig dundermedicin,
sen används den till stort och smått,
så kraften klingar bort

Hon har dessutom funnit bot
för mången svår och dödlig sot
Ett lyft för farmakologin
- då vägrar vi vaccin

Ja, forskningen tar stora språng,
men lyckas inte varje gång
En ouppnåelig medicin
är den mot idiotin

Ledare: Svenskheten är inte politikers egendom

17 feb

SAS har gjort reklamfilm
om den svenska pyttipannan
och retat våra hemvävda nazister
De har som sitt förhållningssätt
att peka på nån annan
i sin febrila jakt på fel och brister:

Kallt och mörkt på natten
och för ljummen mjölk i latten
Dålig pejl på matten - skyll på blatten!
Ogräs i rabatten
och för stabbigt mos till bratten
Öl som smakar vatten - skyll på blatten!

Men inte ens en närodlad barbar
kan säga någonting till sitt försvar
när någon pekar på hans lånta rötter
Han ger sig på migranter utan makt,
förnedrar dem och spottar sitt förakt,
men loskan hamnar på hans egna fötter

65

Han kom, precis som alla vi i pyttipannan plägar,
från Afrikanska mödrar på savannen,
som sedan vandrat norrut
ända hit längs skilda vägar,
men generna är samma som hos grannen

Nu ylar Sverigevänner om den kommande bojkotten
och nobbar flyg med PK-skandinaver
De tänker nu bestraffa SAS för de förmenta brotten
och föredrar araber eller slaver

18 feb

Beskattning efter förmåga
blev inte effekten ändå,
i denna så brännbara fråga,
som fick Göran Persson att gå

Nej, här var det fråga om annat,
de rikaste tjänade mest
och allmogen stod lik förbannat
med räkningen för denna fest

Vad var det för fel med att skatten
blev högre med dyrare hus?
Inget! - men vi hörde skratten
från burgna i bubbelrus

Nu förordar ekonomer
att skatten återinförs,
men minnet väcker fantomer
och ingen politiker törs

Så tåget fortsätter backa,
med mindre till vård och barn,
när de glider fram på sin macka,
de som alltid är först till kvarn

Skönhet en raket på nätet

19 feb

Vi handlar på nätet som aldrig förr,
det kommer paket ända hem till vår dörr;
vi rör oss inte en meter
Vi köper produkter för att må bra,
krämer och dofter och resor till spa;
vi frossar i nyttigheter

Vi köper en dos med en initial
för en x-vitamin och ett y-mineral
och får tips om obskyra dieter
Ja, handeln med hälsoprodukter går upp
och sminkföretagen är också en grupp
där aktierna går som raketer

När träningsintresset går upp som en sol
tänker man sig att du lämnar din stol
och jobbar med lungor och hjärta
Men nu finns i din virtuella butik
en stol som gör underverk med vår fysik;
vi sitter oss friska och smärta

När stolen och pillren gjort det de ska
borde väl tillvaron te sig rätt bra,
ett toppenliv, kan man tycka?
Men står du dig när detta liv sätts på prov,
när pillren har fyllt dina basbehov
- och du inte kan stava till lycka?

20 feb

Till rallyt kör folk på sitt eget sätt,
de leker som ungar i sanden
Men rallysporten är inte lätt,
ens för de proffs som kan den

Problemet är främst att den som går bet
kan släcka en människas låga
och då kan man kräva mer medvetenhet
än av barnen i fråga

"Orimligt att spara i fonder om Allradomen står fast"

21 feb

Som flugor dras till en sockerbit,
dras buset till stora pengar
Med förbundna ögon hittar de dit,
spikrakt, helt utan svängar

De började med telefonskojeri
och löften om grönare skogar
Sen startades fonder i egen regi,
som byggdes med lösa fogar

Men kända profiler stod ändå på kö
för platser i styrelseglansen,
när skojarna erbjöd dem rikligt med lön
tog de naturligtvis chansen

När fonderna möttes av klagomål
och hotet om rättsprocesser
försvann de berömda ned i ett hål
med skyddade mejladresser

Nu friades skojarna i detta fall
och spararna sitter med notan
Förstås ska Pensionsmyndigheten ge skall
om nya försök går att mota

VÄRMLAND "Varierar något från säsong till säsong"

Faran för vinter-kräksjuka inte över

22 feb

Medierna har en faiblesse för att skrämmas
och få oss att huka för tänkbara hot
När nyhetsurval och rubrik ska bestämmas
får rädsla och oro en ansenlig kvot

Nu kommer vi ängslas för vinterkräksjuka
och snegla på dem som ser krassliga ut
Man måste då alls inte vara nån kruka
för att gå undan om nåt är på lut

Vad skönt det ska bli sen när faran är över,
om turen och ödet ger fortsatt respit
Då slipper man munskydd och ingen behöver
rengöra tvättade händer med sprit

Peter Wolodarski: Sluta skyll på teknik. Det går att köra tåg till Europa.

När broarna över Öresund och Stora Bält byggdes upphörde tågtrafiken från Sverige till Tyskland över Danmark. Det borde ha blivit tvärtom.

Peter Wolodarski

23 feb

Tingelingeling, ska tågen gå
ut i vida världen?
Transportera oss på räls
till nån gammal kär vän?

Tingelingeling, vi hoppas på
järnvägsbyråkrater,
vill att de ska koppla spår
mellan EU-stater

Se Tyskland, se Danmark, se Nederländerna,
se Frankrike, Belgien, se Spanien, Portugal!

Tingelingeling, när tågen går
får vi nya vänner,
sovkupé vi delar med
folk vi inte känner

Tingelingeling, om tågen går
vad blir resultatet?
Rena tåg på gröna spår
räddar nog klimatet!

Inga bevis för att strängare straff är avskräckande

24 feb

Att låsa in buset är verksamt den tid
vi slipper ha dem på gatan
Men strax efter muck är de åter på glid,
allt enligt forskarnas data

Det skulle bli kostsamt och orimligt hårt
att ständigt ha dem i buren
och dessutom oöverstigligt svårt
att slussa dem ut efter kuren

Helst skulle vi lära dem hur man gör rätt
och när olika regler ska gälla
Då löstes problemet, lätt som en plätt,
och alla banditer blev snälla

Flygande studsmattor i stormvindar

VÄRMLAND · D1 · S6

25 feb

Tusen och en matta stod på svenska fastigheter
innan sista stormen satte in
De säljs till barnfamiljer i rätt stora kvantiteter,
för alla vill rå om och äga sin

Nu ändrades den gängse bilden av flygande matta
och fick en lite våldsammare knorr
Fångad av en stormvind i en sannskyldig regatta
for mattor bort mot skogarna i norr

Den gamla bilden,
som vi fått från österländska sägner
gick upp i rök när vindarna tog fart
och den moderna
hopp- och studsmodell som många äger
tog över med en remarkabel start

74

Analytiker: Epidemin största hotet mot ekonomin sedan bankkraschen
Kan få hela världsekonomin att stanna

26 feb

Tänk dig allt ett mänskligt möte
har förborgat i sitt sköte
Framtidshopp i skilda sfärer:
Kärlek, kunskap och affärer

Möten skapar traditioner,
föder civilisationer
Trygghet, hälsa, högtidsstunder,
mästerverk, teknikens under

Tänk om allt vi går och hoppas
en dag oförmodat stoppas,
om all världens virus slöt en
elak pakt mot alla möten

Tänk om ingen vågar råkas,
karantäner förespråkas,
alla mänskor isoleras,
gamla sammanhang blockeras

Tillvaron som solitärer
ger oss inga mer affärer,
ingen får nåt nytt att lära,
ingen vågar komma nära

Den visionen saknar lyster,
framtidsbilden gör mig dyster,
men sån blir nog hädanfärden:
Utan möten stannar världen

**Landets nöjdaste
bussresenärer – igen**

27 feb

Karlstadsbuss har fått ett pris,
mottog mera ros än ris
ifrån sina resenärer;
vuxna, barn och pensionärer

Viktigt är att den som kör
alltid har ett gott humör
Man kan också förespråka
att hen kör dit du vill åka

Efter dagens sista tur
stannar vi intill en kur
Nöjda kliver vi av bussen,
ler och säger: - Tack för skjutsen!

De branta Vasaloppsbackarna debutanternas stora utmaning

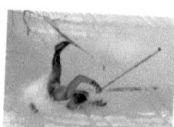

28 feb

Till Mångsbodarna glider bussen i solen,
jag laddar och lutar mig bakåt i stolen
Siktar mot spår för att åka ikapp
- snart är det min etapp!

Växlingen funkar och spåren är fina,
skidorna glider nu fram som på lina
Snöklädda vidder, tall efter tall,
backar, men inget fall(!)

Till bullen i Risberg, varm blåbärssoppa,
en urgammal sportdryck som inget kan toppa
Sedan när kinderna har fått färg
kör jag mot Evertsberg

Väl framme där har jag slutfört betinget,
av öppningens krafter återstår inget
Min tröttkörda kropp har fått vad den tål,
när jag nu nått mitt mål

Joe Biden hoppas rädda sin kampanj med seger på lördag

29 feb

Gamla gubbar som gör upp
i en stor primärvalsgrupp
Valturné i alla stater,
inga unga kandidater

Vadan denna ålderspeak,
kan det vara rätt taktik?
En senior som leder jakten
när man vill ta över makten?

Varför finns där ingen ung
som kan bli primärvalskung?
Nån som kunde sopa banan,
rensa bort den gamla vanan?

Dagens tröga Twitternarr,
efterhand alltmer bisarr,
med den konsekventa läran
att för allt ta åt sig äran,

vill så gärna sitta kvar
att han ljuger som försvar,
liksom när han attackerar
den som vågar opponera

79

Ska det sluta med duell
enligt veteranmodell,
där två gubbar står och skäller
utan koll på vad som gäller?

Vilket sorgligt sista steg
mot vårt viktigaste kneg
Allt förtroende försvinner,
hoppet dör, men ingen vinner

mars 1-31

1 mar

Jag ställer in antennen
och pejlar tidens kurs
Hur ska det gå för männen,
redan dags för dusch?

Fattas nåt i blodet,
är mannen alltför lat?
Tryter tålamodet,
får han nog med mat?

Förr var vi världens krona
med eget fögderi
Med allting fick vi dona
och ingen la sig i

Nu går det ganska illa
att plugga teori
Med apa, häst och villa
har flickor gått förbi

Snart får de även jobben,
med makt över beslut,
när killarna får nobben
och börjar fasas ut

Är detta bara början,
en era på retur?
Ett skifte när försörjar'n
blott blir ett avelsdjur?

Tiotusentals flyktingar försöker att ta sig in i EU

2 mar

På fyrtiotalet fick människor fly
Europas totala moras
De spreds över länder med ljusare vy
och en mer generös syn på ras
De sargade själar som sökte asyl
var tärda när kriget tog slut,
men tacksamma för att det fanns en ventil
där de kunnat slinka ut

Sen skrev vi kontrakt för att hålla sams,
och skydda vår kontinent
Vi såg det som vår enda chans
att handskas med det som hänt
Det var fattigt och eländigt denna höst,
men alla kom överens
och talade med gemensam röst
om fred och en yttre gräns

Nu kommer det andra som är i nöd
och vädjar till oss om nåd
Då säger vi stopp och nekar dem stöd,
kör bort dem som villebråd
Man hjälper alltid den som är svag,
en broder som är förtryckt
Det är skam, det är fläck på EUs fördrag
att överge folk på flykt!

3 mar

Nu blåser det upp till virusstorm
med Kina i vindens öga
Effekten av den kan bli enorm
men därom anar vi föga

Den kan blåsa över i ett nafs,
försvinna ur nyhetsflödet,
men också föra oss ut till havs
med olycksbringande öde

Nu ser vi att män och kvinnor med makt
har fokus på människors oro
De fruktar panik efter något de sagt
och skräms av en växande misstro

Vad de än gör kan de få kritik
- också för sånt de försummat -
bli offer för dagens medielogik
där facit gör alla så dumma

I början avvaktar de med kraft
och framhäver tyngden i orden
"Vårt läge är bättre än det vi haft,
vår insats har dukat borden"

Om någonting värre än nu dyker upp
så är de förstås beredda
Då kommer de söka med lykta och lupp
för att få bukt med det skedda

Vi väntar med spänning på nästa drag,
kanhända att vinden vänder?
Ska oron behålla sitt övertag,
tänk om ingenting händer?

Turkisk militär: Vi har fått order att hjälpa flyktingarna till EU

4 mar

Högt över huvuden, högt över hav,
spelar vår världsdels politiker poker
Väck är de värden man övergav,
från andra, mer respektabla, epoker

Människovärde, rätten till stöd,
vart tog de vägen, de pampiga orden
Bricka i spelet - vid liv eller död -
det blir din roll vid förhandlingsborden

Ständiga krig, avancerad kultur,
präglar historien i vår del av världen
Vad händer nu om vi bygger en mur,
faller kulturen och alla som bär den?

Blir det de främlingsfientligas tid
barrikaderade innanför muren?
Demokratin kommer vila i frid,
där under swastikan och censuren

"Segel i rymden kan bli plan B mot globala uppvärmningen"

5 mar

Fuglesang vill skicka ett gigantiskt parasoll
till rymden för att påverka klimatet
Planen ska ta udden av klimatskeptikerns roll,
som annars kunde ligga oss i fatet

Först och främst ska parasollet skydda vår planet
från strålning och från höjda temperaturer
Det skuggar oss i så fall när vi redan har gått bet
och är i stort behov av nya kurer

Dock finns risk att skuggan faller över mörkermän,
som knappt befriat ögonen från gruset
Då sjunker de allt djupare i okunskap igen
och kommer kanske aldrig skåda ljuset

De som vägrar skriva under avtal i Paris,
kan föredra en lösning upp i rymden
Att skylla på nån annan är ju deras drömdevis;
om solen blir för aggressiv, så skym den!

Tänkvärt att man tror mer på att satsa kapital
på parasoller bortom atmosfären
än att övertyga dem vars insikt är så skral
att de alltid sätter sig på tvären

Då lär vi oss att framtiden med hjälp av ny teknik
kan tryggas om vi skyddar oss mot solen
Den fråga som vi inte än har löst med politik
blir därmed en förlust för talarstolen

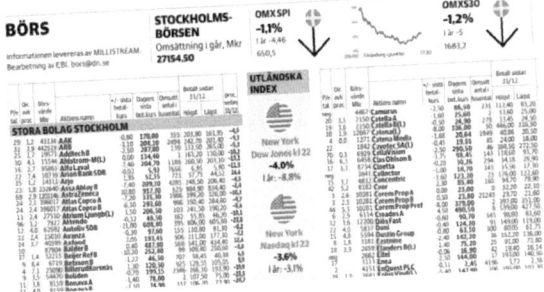

6 mar

Vissa värden är universella,
andra är mer profana;
aldrig sprungna ur samma källa,
olika omloppsbana

Virus gör så att börserna skakar,
värdena varierar
Vilsna finansmän väljer och vrakar,
avvaktar och agerar

Gudarna vet när smittan är över,
snart är det fara å färde
Hoppas det blott drabbar dem med klöver
och skonar människovärdet

Röda siffror, tomma hyllor och oro inför framtiden

7 mar

Siffror i rött,
chanser som dött,
i smittspridningstid går det undan
Motsedda klipp
vänds till en dipp
och sänker oss ned i begrundan:

Så fort det kan gå
att byta nivå
och falla från toppen till dalen
Vi lever på nåd
med knappa förråd
och tänker att världen är galen

Miljonfusket – anhöriga får avlidnas pensioner

8 mar

Vår rättsuppfattning har en paradox,
som inte är helt lätt för mig att fatta
En del bedrägerier hamnar i en egen box,
som när man kallar stölder för att snatta

Att stjäla ifrån staten tycks gå bra,
även om man annars följer lagen
När någonting är tillgängligt, så kan man alltså ta,
och bortse från att någon blir bedragen

Detsamma verkar gälla vederlag
från sakförsäkringar som utbetalas
Kan skälet vara att det inte drabbar någon svag
och laterna har blivit det normala?

Att skilja tydligt mellan mitt och ditt,
oavsett om man är iakttagen,
är enda säkra strategin att leva klanderfritt
och därmed slippa bli omhändertagen

Poängen med en uthållig moral
bör vara att devisen alltid gäller;
att inte låta skötsamheten bli ett högtidstal
och dölja sina fel som bagateller

9 mar

Hon levde åtta år i Vita huset,
i rollen som nationens första dam
Hon fick en tydlig plats i mediebruset
då maken inte var helt monogam

Sen klev hon fram och valdes till senator,
la grunden för en egen karriär
och framstod som ett slags katalysator
för kvinnors kamp och blev snabbt populär

Som utrikesminister fick hon resa
och tala för Obamas kabinett
Även om det först varit en nesa
att inte själv få ta plats nummer ett

Sen trodde vi att hennes stund var inne,
hon ställdes mot en clown utan stringens,
men konstigt nog så var storhetsvansinne
en starkare merit än kompetens

10 mar

Italien har stängt och Sverige är fullt,
vi lever i märkliga tider
Virus och flyktingar skapar tumult,
förstärkt av de lögner man sprider

Båda problemen, har vi förstått,
är enkla för nätets genier
Kunskap och fakta är en komplott
som forskarna lurat i er

Men sätter man länder i karantän
finns det nog skäl att begrunda
och ställa sig frågan - vadan och varthän?
- det går inte längre att blunda

Än är det virus, än en vulkan,
som oväntat stoppar trafiken
Vi går inte säkra, för endera dan
mångfaldigas riskstatistiken

Ledare: Höga insatser när Trump tar sig an coronaviruset

11 mar

Så fick vi då den främste bland experter
- sån tur för världen att han tog sig tid!
Och synd, kan tyckas, på så rara ärter
att missa kunskap som är så solid

När forskningen får stöd av denne bjässe,
då är snart nästa genombrott förlöst
Med pajaspresidenten i sitt esse
är cancerns gåta praktiskt taget löst

Och forskarna kan samtidigt studera
en långt framskriden megalomani;
den är nog inte möjlig att kurera,
men de kan ordinera en sorti

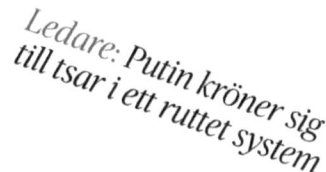

12 mar

Putin hanterar sitt folk med förakt,
manipulerar och ljuger
Fast ingen kan lita på nånting han sagt,
tror han att lögnerna duger

Ger sken av att följa en konstitution,
men rundar den mest hela tiden;
härskaren ska sitta kvar på sin tron,
på toppen av pyramiden

Vill framstå som hjälte med kroppen i trim,
agera som ryssarnas fader
I nästa sekund invaderar han Krim
och rustar en Syrieneskader

För ledartekniken får han beröm
av sin amerikanske supporter,
som har en förryskad tå som är öm,
belagt av en vaken reporter

Vid uppdragets slutpunkt blir det rockad,
då tillåts nån annan ta över,
men bara tills Putin på nytt vänder blad
och väljer den post han behöver

Förmodligen är han i tjänst till sin död,
som enväldshärskare plägar
Då väcks kanske hoppet för dem han förbjöd,
att glasnost och töväder hägrar

Riksbanken lånar ut upp till 500 miljarder till coronadrabbade företag

UPPDATERAD IDAG 13:57
PUBLICERAD IDAG 09:52

Svenska företag som drabbats av coronaviruset ska få finansiellt stöd av Riksbanken. Totalt kommer Riksbanken att låna ut till 500 miljarder till de virusdrabbade företagen, meddelar man på fredagen.

13 mar

Efter tiden med Corona
kommer inget att förvåna;
länder stänger, börsen svänger,
Ingves gör det lätt att låna

Efter tiden med Corona
kommer håret mitt att gråna
Killar gissar, alla missar,
jag får slita mig i stråna

När man inte mer kan hitta
spår utav Coronasmitta,
Institutet anar slutet,
sen kan TV-studion kvitta

När Corona får sin runa
och vi alla är immuna,
kan vi fira med en bira
och en skål för fru Fortuna

Rusning till butikerna när stockholmarna hamstrar

Kraftigt ökad försäljning. På Stora Coop i Västberga gapade flera hyllor tomma.
Livsmedelsverket. Stockholmare är dåligt förberedda för en kris.
Tio tips. Elin Peters om vad du ska tänka på när du fyller förråden. | Nyheter 2-6

14 mar

I smittans krismiljöer
kan folk bli som förbytta,
med långa hamstringsköer
som mått på egennyttan

Hur ego vi kan vara
är nåt vi inte vet än,
när alla måste svara
för solidariteten

Att själv fatta besluten,
på trots mot tjänstemännen,
kan leda till akuten
- i nöden prövas vännen

UD avråder från resor till samtliga länder

15 mar

Idag står alla flygplan kvar på marken
och mångas resedrömmar faller platt
Som Noa, om han suttit fast med arken
och aldrig kommit fram till Ararat

Piloter kommer inom kort få sparken,
för flygbolagen är det snart godnatt;
ett virus som får plan att stå på marken
är bättre för klimatet än en skatt

Nej, du behöver inte bunkra toapapper

16 mar

Coronasmittan finns i samhällskroppen,
de gamla får de svåraste förloppen,
i värsta fall kan sjukvården slås ut
Eldsjälar offrar sig till sista droppen,
då seglar denna fråga upp till toppen:
- När kommer toapappret att ta slut?

Turister sitter fast i andra länder
På radio bryts programmen som man sänder,
när myndigheters budskap kablas ut
Det kommer att ta tid tills allting vänder,
men denna fråga ställs kring det som händer:
- När kommer toapappret att ta slut?

I ödestimmen prövas vår förmåga,
ett rimligt krav på höga som på låga,
en uppgift innan tiden runnit ut
En stund då även fega måste våga,
då väljer nån att ställa denna fråga:
- När kommer toapappret att ta slut?

Så påverkas vardagen av kampen mot smittan

17 mar

Samhällen behöver sina kriser,
förödelser som ingen vill ska ske
Man lär sig något när ett skepp förliser,
som leder till en ökad säkerhet

Som skogarna behöver sina bränder,
för säkrat fortbestånd av varje art
Naturligtvis är ingen där och tänder,
men eldens resultat är uppenbart

Vi gillar inte virus på momangen,
men när den första smärtan klingat av,
så anar vi de stora sammanhangen
och ser de resultat som krisen gav

Värmländsk skog värmer Stockholm

18 mar

Det sägs att stora städer är så kalla,
att värme förbehålls en mindre krets
Om detta stämmer kan det förefalla
som storstadsborna ännu inte klätts

Att värma upp den kalla huvudstaden
med rester av förädlad värmlandsskog,
är nog ett sätt att höja servicegraden
när inte kraftförsörjningen förslog

En viktig livsuppgift för folk på landet,
en ära att få värma 'brud' och 'kis'
Vi assisterar gärna när vi kan det
och rustar huvudstaden med vår flis

En sak är alla överens om
– förtroendet är avgörande

19 mar

Här kommer en förmaning om
att du har ingen aning om
hur smitta sprids på jorden
- så ha respekt för orden!

Bevars för detta gissande
där alla är förvissade
och tror sig om att veta,
men vägrar samarbeta

Om flera uppmärksammade
- och dessutom anammade -
vad de som vet beslutar,
(och stängde sina trutar...)

Då väcker det förvåning om
vi inte sen så småningom
kan rädda hela klotet
från det globala hotet

Effekten är beroende
av allas vårt förtroende,
nu ska du ingalunda
försöka smita undan

Miljardsmäll mot Swedbank för penningtvätt i Baltikum

20 mar

Det stod en tvättmaskin i Baltikum,
ett snabbprogram när byken var för skum
De rena provisionerna var feta
och bankens ledning ville inget veta

Historien är som vanligt lärorik;
så går det när man brister i etik
Ger man sig i lag med värsta skurken,
ses man snart med fingrarna i burken

Så snurrar näringslivets ekorrhjul,
när farten blir för hög så blir det strul
Nån får gå och nån får efterträda
en sed när nya kvastar måste städa

Mardrömmen blir ett faktum när smittan når grekiska flyktingläger

21 mar

Så får vi då det värsta av två världar,
med virussmitta i en flyktingkris
Det sägs att det som inte dödar härdar,
men stämmer det, så har det dock sitt pris

Om packningen man har är allt man äger,
sen huset som man bodde i försvann,
då är det knepigt i ett flyktingläger
att hålla säkert avstånd till varann

Och svårt att ofta tvätta sina händer
på platser med beständig vattenbrist
Än svårare att se när allting vänder
för jagade migranter utan frist

Att se hur livet rinner ut i sanden
och barnen drabbas svårt av infektion,
är tuffa händelser som ger vid handen
att världen borde skrida till aktion

Coronasmittan: stängda skolor kan leda till fler brott

22 mar

Att stänga skolor visar handlingskraft,
det har vi hört från många debattörer
Men mister barn den trygghet som de haft
kan följden bli förödande malörer

I skolan struktureras barnens liv,
de lär sig hitta rätt och passa tider
De ingår i ett brokigt kollektiv
och tvingas härda ut förtal och strider

Förutom kunskap får de ett mål mat,
som annars kanske inte ens serveras,
och även för eleven som är lat
kan inte skolans ordning nonchaleras

Så låt oss slippa sysslolösa barn,
som kan dra runt på stan och spela coola
För undervisning finns en läroplan
och barn ska möta världen från sin skola

Donald Trumps färd från förnekelse till nödläge

23 mar

Sanningen är mindre värd
än en återvalsåtgärd
Fakta spelar ingen roll,
Donald låtsas ha kontroll

Allt förvandlas till ett spel,
lögnhalsen gör aldrig fel
Ändrar sig i smått och stort,
spelar ett rasistiskt kort

Börsen fick panik och stöp,
Trump rekommenderar köp
Amerikaner kammar noll,
presidenten saknar koll

"Det är inte kaos på akuten – vi är redo"

24 mar

Ibland är turen framme
när den behövs som bäst
Lumpen blir till sammet
och vardag blir till fest

Så långt jag minns Akuten,
har trenden varit kaos
Vad skönt om den är bruten,
att röran tagit paus

Det kan kanske förvåna
och vara svårt att tro:
Det fordrades Corona
för bättre arbetsro

Sverige sticker ut när hela Europa inför tvångsåtgärder

25 mar

'Typiskt svenskt' har ofta nedvärderats
och ansetts lite töntigt och försagt
Som svenskar har vi ofta imponerats
av folk med större säkerhet och prakt

'Det svenska' har vart övertro på staten
och ängsligt sneglande på vad man får;
att inte skryta över resultaten;
att inte gena fram i innerspår

Med viruset som flåsar oss i nacken
har svenskhet delvis fått en annan ton
De flesta länder svarar på attacken
med hot om våld och grov ammunition

Men strategin hos svenska myndigheter
har avrått från besök på äldrevård;
att ställa in publikaktiviteter;
att alltid känna efter hur vi mår

De vill att vi ska tvätta våra händer
och råder var och en att tänka till
Essensen av signalerna man sänder
är att vi klarar av det, om vi vill

Så 'svenskt' har plötsligt blivit det unika,
som svensk har man fått skäl att vara stolt
Inför ett virus är vi alla lika
och samling är nu bättre än revolt

Tiotusentals svenskar strandade utomlands – vädjar nu om hjälp

26 mar

Varje dag befinner sig
en massa folk från Norden
på platser ingen visste fanns,
på andra sidan jorden
Om någon vrickat foten eller ätit dålig mat,
ropar man på nåt av
våra svenska konsulat

Blir planet plötsligt inställt
eller tappar man biljetten,
tycker mången resenär
att svenskarna har rätten
att ringa hem till UD och beställa en landå,
som skjutsar dem till tryggheten
och hemmets lugna vrå

Hjälpinsatser blir ett slags
de facto-skyldigheter,
där staten måste köra hem oss
utan taxameter
Myndigheter får en plikt som saknar förbehåll;
Storebror har ömsat skinn
och fått föräldraroll

Sistaårseleverna kan få komma tillbaka till skolan

27 mar

Om viruskurvans stigning inte vänt än,
sker högre undervisning på distans
Det gör det svårt för dem som tar studenten,
när vårens prov är deras sista chans
(De övriga kan ta igen till hösten
det vårterminen inte kunde ge)
Då är det skönt att någon höjer rösten
till förmån för studenterna in spe

Nu slipper kullen undan denna nesa
att ha ett slutbetyg av sämre sort
Istället kan de börja livets resa
(- på villkor att de inte reser bort!)
På samma gång undkommer vuxenvärlden
att viftas bort av unga såsom luft,
tack vare den benämnda stödåtgärden,
som visar på ett mått av sunt förnuft

"Nu är det dags att lyssna på myndigheterna"

Professor Agnes Wold är rädd att bli smittad av coronaviruset. Lördag 10-15

28 mar

På vissa grupper biter inte råden,
där finns en tradition att veta bäst;
elitismen är den röda tråden,
ödmjukheten blir en ytlig gest

Då är det ofta väldigt svårt att lyda,
att inte få agera som man vill
En rekommendation är svår att tyda,
så Agnes Wold fick lov att ryta till

Nu får vi se hur många klockan väcker,
om det ska krävas ännu mer bevis,
om vädjanden till samarbete räcker
- eller om det måste till polis?

29 mar

Det är svårt att jobba hemifrån i slummen,
svårt att tvätta händer utan vatten,
svårt med avstånd i de trånga rummen,
där många måste samsas under natten

Det är svårt att inte hälsa på de gamla,
när dessa råkar bo på samma ställe,
svårt för människor att inte samlas,
när man lever i ett kåksamhälle

Alla skutor styrs med sina roder,
vinden blåser hårt i många länder
Styrmän väljer olika metoder
i väntan på att viruskrisen vänder

30 mar

Han kallas för regent,
men äger ingen makt
Är ändå prominent,
med glans och kunglig prakt

Han brukar klippa band
och dela ut ett pris
Han klantar sig ibland,
men är en hygglig kis

Nu är han sysslolös
men gör så gott han kan
En god och ömsint knös,
korrekt och samvetsgrann

Han ger oss sina tips:
Man kan se om sitt slott;
se till att häckar klipps
och vårens gräs blir sått

Gå ut och jaga älg;
knyta sig en knop;
tömma en butelj;
frambringa glädjerop!

115

Sen kan han ge sig ut
och gå en promenad;
om det är fel beslut,
så får han vända blad

Han lever friluftsliv
Han vandrar i sin park
Se där, ett tidsfördriv
som anstår en monark!

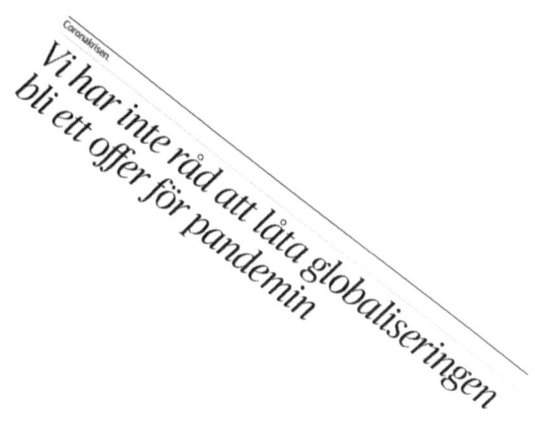

Vi har inte råd att låta globaliseringen bli ett offer för pandemin

31 mar

Om alla länder bygger barriärer
förkalkas oumbärliga artärer

Man löser ingenting med isolering,
kyskhet är en usel investering

Om handeln reduceras till nationer
förhindras ökat välstånd av sanktioner

I ensamhet kan inga tankar spridas
och inga nya gränser överskridas

I cellens mörker är det tungt att sitta
Det enda som ska stängas in är smitta!

april 1-9

Regionen säljer sjukhus mitt under coronakrisen

1 apr

Jag tänker förskrämt:
Vad är det som hänt?
Sälja en stor del av vården!
Säg, finns det nån vits
med att kränga en brits
och, i så fall, vari består den?

Är köparen frisk?
Vad tar vi för risk?
Man undrar, vad finns det för data?
Det ger huvudbry;
blir sjuklingen kry,
för att britsarna är privata?

Vad döljer sig här?
En hemlig affär?
Är dealen en häst ifrån Troja?
Vad tjänar den till?
...det är första april,
så det måste va någon som skojar!

Anna Ekström: Alla beslut kan leda fel i det här läget

2 apr

Vi irrar fram med instrument som gäckar
och följer en kompass med darrig nål
Vi har en karta full av vita fläckar,
som upptäcktsresande mot nya mål

Värsta ödet är att inget veta
och ständigt löpa risk att göra fel;
en ström av nya rön att bearbeta
och ansvar för en angelägen del

Att ersätta prognoser med att gissa,
att sakna tillförlitlig manual;
befara att man när som helst ska missa
nåt kommatecken i ett nyckeltal

Även om man tror man gör det rätta,
slutar det helt säkert med kritik
Det är ju enkelt att ifrågasätta
med efterklok och uppblåst retorik

Men även om belackarna var färre,
så finns ju inget rimligt mål att nå
Beskedet att 'det kunde blivit värre',
är nog så bra betyg som går att få

De hemlösa kan omöjligt stanna hemma

3 apr

I periferin
har epidemin
så smått börjat ge sig till känna
Utan vaccin
kan det bli en lavin,
när det rasar en smitta som denna

I slum och misär
med multipla besvär
har det skapats ett svårlöst dilemma
Med luggslitet skinn
- utan eget krypin -
får man order att hålla sig hemma

En sådan distans
ger usel balans
mellan makten och menigheten
Ska de ovanför
lyckas vinna gehör
krävs bonntur med åtgärdspaketen

123

Makthavare tonade ned riskerna – nu har de själva blivit smittade

4 apr

Det blev till sist en mycket smittsam bluff,
som först i början bara viftats bort
Det tycks va frestande att spela tuff,
när man föreläggs en larmrapport

Allrahelst om man är populist,
med enkla svar på krångliga problem,
då yttrar man sig alltid segervisst
och positionen kan då bli extrem

Corona var en vanlig snorbacill,
som skulle snytas undan före påsk
Nu ligger flera av dem illa till,
men det är säkert överdrivet pjåsk

De reser sig igen på starka ben
och häver upp sin röst med myndig ton
Tar åter full kontroll över sin scen
och avslöjar en ny konspiration

5 apr

När problemen är globala
och brer ut sig väldigt fort,
krävs aktion i mäktig skala
och att alla tänker stort

Skulle alla låsa dörren,
driva upp sin egen kål,
upphör inte krisen förrän
i en dunkel nekropol

Bot för denna samhällsfara
får vi genom blind försyn;
samlas som en enig skara
mitt i den globala byn

Meningen med bergspredikan
är ju ömsesidighet;
gentjänster blir sannolika,
lystnad en absurditet

Maria Schottenius: På jakt efter den coronahäxa vi ska bränna i påsk

6 apr

Var jakt har sin säsong,
när jägarn följer spåret
Ett drev är dock i gång
vid varje tid på året:

Det gäller villebråd
som kallas syndabockar
När mediers tid är bråd,
så drar de fram i flockar

Om någon har gjort fel
i veckans dokusoppa,
så vankas efterspel,
som inte går att stoppa

Det bolmar mycket rök,
fast ingen sett nån låga
Ett offer får besök,
plus nån försåtlig fråga

Men mediedrevets skock
tar aldrig till sig läxan;
går varje gång på knock
och bränner nästa häxa

Pandemin har avslöjat oss som hyggliga människor

7 apr

Vilken seger för Corona
med ett sådant resultat;
att den lyckades utplåna
detta tilltagande hat

Vilken seger om vi åter
kan förenas med varann;
om vi helst av allt förlåter;
om försonligheten vann

Vilken seger, kan man tänka,
om vi avvaktar en stund,
innan något som kan kränka
råkar slinka ur vår mun

Vilken seger för försorgen
om vi alla ställer upp;
om vi kommer ut på torgen
och agerar som en grupp

Vilken seger - den ger eko! -
många hade det på känn;
innerst inne är vi reko
och nu lyckas vi igen

Hundratals hamnar på "fel" sida gränsen

8 apr

När viruspandemin är på tapeten,
så har en förmån fått en liten törn
Jag syftar på den fria rörligheten,
som skulle runda av Europas hörn

Nu låser man och vaktar sina gränser,
ett drag som för ett år sen tyckts befängt
Men visad handlingskraft får konsekvenser;
Europas öppna kontinent har stängt

Fast EU trampar runt sin mötescykel,
så börjar många länder byta lås;
vi märker att det saknas huvudnyckel,
när brott emot fördragen kan begås

Så förändrade krisen USA:s sjukvårdssystem på nolltid

9 apr

Ett vårdsystem som inte skyddar alla
fungerar inte bra i smittotider;
en enkel sanning, kan det förefalla,
att virus ignorerar vem som sprider

Om alltför många väntar alltför länge
och inte går till doktorn med besvären,
så höjer deras fortsatta umgänge
med ens den virussjuka numerären

I dyrtider får plånboken bestämma,
man vill ha tak och säng och mat i magen,
och har man inte råd att stanna hemma,
så jobbar man som vanligt hela dagen

Nu har man alltså ändrat politiken
och låter folk va hemma när de nyser;
betalas ingenting ifrån fabriken,
ger staten ut den lön man efterlyser

För de som inte tjänat nog med pengar,
så de kan läggas in på lasaretten,
förväntas också guld och gröna ängar,
när politiken bjuder på biljetten

129

Så ser det alltså ut bortom Atlanten,
med folk som är sin egen lyckas smeder,
för står man bara riktigt nära branten,
så ändras både ideal och seder

Vad än det folket hittills haft för planer
med röster till kongressen och senaten,
så går det långsamt upp för amerikaner:
- Det kanske finns en vits med välfärdsstaten

Mötet där det planeras för det oväntade

Att rusta sig för det man vet ska komma
är på det hela taget ganska lätt
Man köper joggingskor när det blir sommar
- i nio fall av tio är det rätt

Med annat kan det bli så mycket värre,
i lägen där man faktiskt inte vet;
om kunder ett-tu-tre blir mycket färre;
regimer stänger gränser med dekret

När smitta gör att människor blir rädda
och ingen skådat detta virus förr
Om fackmän slås med häpnad av det skedda
och vad som lurar bakom nästa dörr

I dessa lägen måste man agera
och säkra att man inte blir förledd
Men kan man kalla detta att planera?
- Nej, snarare att göra sig beredd

11 apr

Besluten blir svåra när många ska enas,
frågorna manglas i livlig debatt
Sen slåss man om vad som egentligen menas
med det man skrev under en sen Brysselnatt

När några ska räddas och nån ska betala
blir det nog alltid en tuff diskussion
Stödet ska ut längs en stigande skala
och rättvisan är för det mesta fiktion

Alla vill säkert att allt ska fungera
och jobben ska säkras i varje nation
Men ingen är villig att kapitulera
och vända tillbaks med för mager ranson

Väl hemma igen ska man kunna förklara:
Vad blir konsekvensen av tagna beslut?
Ministern ska då va beredd att försvara
vad kostnaden blir och vad landet får ut

Men slutresultatet i kronor och ören
finns inte på tavlan så alla kan se
Man spanar febrilt efter grynnor i fören,
med tecken på såväl ruin som succé

Vi hoppas förstås på att räddningen lyckas,
att länderna blomstrar och krisen tar slut
Går allting på tok och unionen ska styckas
blir nationalisthotet plötsligt akut

Socialministern om smittan på äldreboenden: Vet inte orsaken

12 apr

Vi trodde att de redan hade skydd,
kommunen har dem under sina vingar,
men omsorgen var knappast skräddarsydd,
Corona sprider sig som vattenringar

När smittan från Italien kommit hit
var varje morförälder isolerad,
nån släkt fick inte komma på visit,
men hemtjänsten var inte informerad

Där kom det personal med dagens mat
och jobbade i egna kreationer
Många gick på korta vikariat
och saknade konkreta instruktioner

Kanhända tog man inte riktigt höjd
för verklig noggrannhet med hygienen
Klienten borde inte varit nöjd,
förstår man när de gamla lämnat scenen

Bättre luftkvalitet och mer återvinning
– så har Sverige förändrats under krisen

13 apr

Om världen riskerar den sista jetongen
på chansen att undvika undergången,
så är det förstås mycket annat som glöms
vartefter som alla resurserna töms

Vi ska jobba hemma och får inte flyga
och måste vi handla nånting får vi smyga
Det leder till neddragen aktivitet
för sådant som sjunkit i prioritet

Det blir mera skräp efter sånt som är ätet
och mer emballage när vi handlar på nätet
Det blir inga utsläpp från plan i hangar,
men flera transporter är ute och far

Handhygienen ser till att begränsa
antalet fall av säsongsinfluensa
Människor tvekar att köpa ny bil,
när ekonomin verkar mindre stabil

Så dras allting in i den rådande krisen
från löpsedelsstoff till den lilla notisen
Det kvittar väl vad som är störst eller minst,
bara vi slutligen avgår med vinst

Krogarna sadlar om – börjar med utkörning

14 apr

I spåren av krisen föds nya idéer,
näringar uppstår i tider av nöd
Krogarna sänder oss fina filéer
och bagaren kommer till dörrn med vårt bröd

Så får vi en marknad för mattransportörer,
städerna fylls snart av proffsiga bud;
kör ut med portionerna utan malörer,
som glassbilen, kanske(?), fast helst utan ljud

Sen äter vi middag och har våra fester,
de möten som gör vårat liv socialt
Vi pratar och roar oss med våra gäster,
men arrangemanget är helt digitalt

Så lever vi livet med barn och kamrater,
solo tillsammans vi får oss ett mål
Sen tackar vi krögarn för biff och tomater
och höjer för mattransportören en skål

Börserna rusar – men faran är långt ifrån över

15 apr

Så fort någon viskar att faran är över,
far djävulen i dem som sitter med klöver
Det viktiga är inte själva beloppet,
för börsspekulanterna lever på hoppet

Spirar det hopp vill man hålla sig framme
och komma i mål som den mest lyckosamme
Jag anar nog att det till slut blir en thriller,
för börsen vet inget om små, små baciller

Stadsteatern syr förkläden till äldreomsorgen och hemtjänsten

16 apr

Nu blir det teater i äldreomsorgen,
alla aktörer får nya kostymer
Ingen revy med kalsonger och plymer,
nej, stor tragedi om paniken och sorgen

En trist kavalkad som får håret att gråna
En deckarintrig med otaliga bovar
Det blir nog audition och många som provar,
men bara en kvar som får spela Corona

Italienska maffian skor sig på krisen

17 apr

När kriserna kommer står maffian på lur,
redo att hugga de svaga
Dess själ är en renodlad djungelkultur,
där ingen har modet att klaga

Den hotar och tvingar fram lojalitet,
så grymt effektiv och horribel
Man skor sig på virus och arbetslöshet,
- maffian är alltid flexibel

Regeringar delar ut stora paket,
på maffian regnar det manna
Den är som olivnät, men alltid diskret,
utan den lär Italien stanna

Forskarna går samman i jakten på virusvaccin

Coronakrisen. Politikerna stänger gränser, men forskarvärldens utbyte av kunskaper ökar

18 apr

Världsalltet kryllar av märkliga fakta,
vår kunskap om dessa är tämligen knapp
En del är konkreta och många abstrakta,
vi söker, men kommer väl aldrig ikapp

Forskarna vet lite mer än oss andra,
om sånt de har ägnat oändligt med tid
Med vetskap om det kan man svårligen klandra
vår tilltro till lärdom, vars bas är solid

Tradering av tal kräver inga transporter,
insikter sprids överallt med ett klick
Det sker oupphörligt export och importer
och växlingen görs på ett ögonblick

Hurså om regeringar då stiftar lagar
som alla ska vittna om stor handlingskraft
Idéerna utvecklas nätter och dagar
på trots mot de planer som ledarna haft

Här tuffar nog forskningen på i det tysta
med såväl inspiration som rutin
Så plötsligt förlöser man, utan att krysta,
ett hett efterlängtat recept på vaccin

140

Fler planerar för döden – nyregistreringarna har fördubblats i Vita arkivet

19 apr

Alla vet ju vad som nalkas,
pjäsen har ett tragiskt slut
Innan din lekamen svalkas
bör du ha en plan på lut

Lägg din vilja i arkivet,
bädda för att ta adjö
Internet förenklar livet,
gör det lättare att dö

Svenska bönder oroliga för skörden under pandemin

20 apr

Tänk, så olikt det kan vara
fast vi finns i samma land
Resterna av det agrara,
tydligt märkt av tidens tand,
i kontrast mot framtidsbranschen
byggd på resor och besök;
i ett nafs fick någon chansen
medan annat bara dök

Det problem man måste lösa
är att några saknar folk,
när det sitter sysslolösa
med ett överskott på ork
Den som ber om hjälp med skörden,
och som flugit hit den förr,
får ett svar med innebörden
att den finns här vid din dörr

Att hotellreceptionister
ska till skogen efter bär,
nu när sommarens turister
inte kommer landa här
Och att flinka servitörer
plockar frukt på Österlen,
medan solvarma primörer
skördas färska till patén

Blir det tidens nya fluga
- hugga i efter behov?
- att de flesta jobb kan duga,
när moralen sätts på prov?
Somt blir tydligt när det krisar
och det stormar kring vår båt
Alla insatser bevisar:
- När det krävs, så hjälps vi åt!

21 apr

Banken bjuder på krediter,
olja säljs vid gratispump
Företagen får inviter,
hjälpta av en lycklig slump

50 år har blivit 70,
sen orange slog om till svart
Inget sitter där det suttit,
hit och dit blir ingenvart

Motsatsord i skön förening,
tänk om tiden gått ur led?
Känt begrepp får annan mening;
samma ord, men nytt besked

Minska är det nya öka,
vinst har skiftat till förlust
Sitta är det nya röka,
minus det som förr var plus

Expolitiker måste ha en mer realistisk bild av sig själva och sin kompetens

22 apr

Den dag du lägger av med politiken,
så får du leta dig ett annat jobb
Skulle detta göra dig besviken,
har du kanske gått och blivit snobb?

Politiker är inte någon adel,
med gräddfil där man glider ovanpå
Har man blivit kastad ur sin sadel,
får man söka sig till rätt nivå

Om detta är ett toppjobb på parnassen,
ett enkelt jobb för fortsatt existens,
ett hemtjänstyrke med de tyngsta passen,
beror ju självklart på din kompetens

Det handlar otvetydigt om meriter,
vad du har visat att du klarar av
Och om ditt cv faktiskt inte biter,
så ställs av allt att döma högre krav

Vården vädjar om hjälp - plastikkliniker fortsätter att operera

Oavsett vad som är källan
i tvisten om höna och ägg;
en fåfäng förnekar sig sällan,
i brevlådan har han sitt skägg

Om något är efterfrågat,
finns jämt nån som ställer upp,
men nu är väl måttet rågat
och gärningen under lupp

När människor sliter i vården
med förkläden och visir;
när stenar på kyrkogården
kan vittna om hur det blir

Då finns dessa lystna kliniker
med överskott för sin syn,
som manipulerar och sviker
helt utan etikhänsyn

Med allt det som vården behöver,
med utbildad personal,
har de blott fokus på klöver
och folk som vill byta fodral

146

Det nya coronaviruset:

Covid-19 har tagit sig in på tre av fyra äldreboenden

24 apr

Bacillerna behöver varken kofot eller mask,
när de ska ta sig in till våra äldsta
Väl inne har de gamlingen som i en liten ask,
på grund av dennes ömtåliga hälsa

De smiter enkelt in med ordinarie personal,
men hälsar också på ihop med släkten
Transporten tar dem fram till offret med sin arsenal,
sen kryper de ihop i andedräkten

Bacillen väntar så till det perfekta ögonblick,
då det blir optimalt för den att hoppa
Sen bär det av och virus sprider, när det säger klick,
en infektion som inte går att stoppa

25 apr

Jämställdhet och välfärd, våra svenskaste klenoder,
har aldrig åstadkommit sånt ståhej
som smittskyddsfolkets
annorlunda uppfostringsmetoder,
uppvisade för världen 'on display'

Sverigebilden, som förts fram i glättiga kampanjer,
överskuggas av vår mänskosyn,
förkroppsligad av tjänstemän
som kratsar ut kastanjer
och förorsakar höjda ögonbryn

Andra länder följer alla olika modeller
att fösa människorna dit de vill
De flesta med ett outtalat
hot om att det smäller
ifall att någon inte sitter still

Hos oss har vi förtroende för våra byråkrater
och hoppas att de vill oss alla väl
Till skillnad från metoderna
i flera andra stater
vill vi att nån med kunskap för befäl

148

26 apr

Vi har betydligt större muskelmassa,
men trillar allt som oftast först av pinn
Sen har vi en benägenhet att glassa
i vackra fjädrar, som vi lånat in

Vi tar som regel mycket större risker
och råkar därför också illa ut
Sen har vi svårt att medge våra brister
och lätt att råda nån att veta hut

Med åren har vi vant oss att bestämma;
vi tror att vi är värda högre lön
Förr såg vi helst att kvinnorna var hemma
och krävde aldrig plats i dagiskön

Nu mår vi alltså sämre av Corona
och slutet fordrar mycket mera vård
Vårt krav är inte ägnat att förvåna:
- En sjötomt i vår herres örtagård!

Även efter pandemin är det denna värld vi släpar på

27 apr

Sätt dig i en skön fåtölj och blunda,
se dig själv som morgondagens mamma
Mycket kommer tyckas annorlunda,
trots att världen är precis densamma

Kanhända blir det färre sammanträden?
Det kan bli andra jobb i nya tider?
En uppgång för den närodlade säden?
En insikt om bacillerna vi sprider?

Problemen bär vi med oss som ett minne;
vi hedrar alla dem som var för svaga;
de gamlingar som ombads stanna inne;
- vi övriga har ingen rätt att klaga

Vi tvangs att acceptera nya vanor
Vi ställde in nån efterlängtad resa
Men mest gick livet på i gamla banor,
oaktat sammankomsterna blev glesa

Den morgondag som sedan kommer födas
blir ganska lik den tid vi hade innan
En blåögd optimism ska snart förödas,
den välbekanta vardagslunken vinna

Ministern: Som skolvalet ser ut i dag får barn olika livschanser

28 apr

Boomens sociala ingenjörer
visste givetvis var alla bodde;
så barn till rika män och kommendörer
fick gå i klass med barn till dem som rodde

Ungarna fick tävla mot varandra,
de rikas barn fick inte alltid vinna
Det var en ordning ingen kunde klandra,
men som idag är svår att återfinna

Eliten listar barnen till en skola
i samma ögonblick de blivit födda
Kelgrisarna ska räknas till de coola
och slippa blandas med de understödda

Ett antal skolreformer har passerat
Valfrihet har blivit lösenordet
Begreppet 'rättvis skola' är kasserat
och inga bildningsplaner finns på bordet

Då hör vi plötsligt bud om lika chanser,
att skolan måste vara till för alla
och inte gynna dem med bäst finanser;
ett drömsamhälle, kan det förefalla?

Jag blinkar forskande med ögonlocken,
tvekar om jag verkligen är vaken
Belåten hämtar jag mig sen från chocken;
vad skönt att nån sa "Kejsaren är naken!"

Företaget bakom bajamajan hårt drabbat av inställda folkfester

29 apr

Virus plågar samhällskroppen,
vården sliter till sin gräns
Ifrån roten upp till toppen
tar vi i när bågen spänns

Smärtsam är Coronakuren,
hela näringar slås ut,
sent omsider kommer turen
till vår näringskedjas slut

153

Kina öppnar upp samhället med hängslen och livrem – många länder följer efter

30 apr

Han kommer att utses till arbetets hjälte
för sin idé om hängslen och bälte
Båda artiklarna snabbproduceras
på löpande band för att sen exporteras

Det kommer naturligtvis fordras rätt mycket,
när resten av världen ska lätta på trycket
Och risken är stor att det då uppstår brister
på grund av för själviska protektionister

Och sen ska det hamstras i slott och i koja,
för alla vill rusta sig, utom de loja
De drar ned på stan i formliga räder,
och snart märks en uppgång i handeln med kläder

Sen kommer nog hela kommersen på benen
och bilindustrin är tillbaka på scenen
Ledare slåss om att uppvakta hjälten,
som räddade världen med hängslen och bälten

154

maj 1-31

1 maj

En sanning finns i varje röst
och många stämmor blandas
Bättre luft ger föga tröst
åt den som slutat andas

**Förtroendet för vården
stärks under coronakrisen**

2 maj

Man lagar inte något som fungerar
Man botar inte någon som är frisk
Man går väl inte ofta och funderar
på följden av en obefintlig risk

Men styr vi mot ett mål och båten rister
när stormen härskar, hård och intensiv
då överser vi lätt med smärre brister;
man litar på den vård som räddar liv

Coronakrisen ökar intresset för stugor i Sverige – men se upp för fallgropar

3 maj

När världen tränger sig på
vill var och en värna sin vrå
och det enda som heter duga
är att äga en egen stuga

Först väljer man sin metod
- en del tar en Friggebod -
sen sätter vi till alla klutar,
så att landet får vita knutar

4 maj

I Värmland anas ännu inte slutet,
i själva verket vårdar vi vår start
Vi kämpar på, för sparar vi på krutet,
så skenar virusvågen vem-vet-vart?

Den som ändå ska passera toppen,
bör tidigt läsa av topografin
och gärna vara kunnig om förloppen,
när krönet föregås av en ravin

Ministerns dystra prognos: Botten är ännu inte nådd

5 maj

Du inser aldrig när du är på botten,
du vet ju inte hur det blir framöver
På avstånd får du sen de rätta måtten,
men detta händer först när allt är över

6 maj

En deserterad panda fick bedövas
och fraktas till den park han vistats i
En sådan åtgärd kan ibland behövas
- det hade kunnat bli en pandemi ;-)

Få besök på drive in för coronavirustest

7 maj

Appar med tester är framtidens svar,
du vet varje stund vad du har för baciller
Ett stick och ett tryck och med ens är du klar,
sen kommer en drönare till dig med piller

En gång om året kör du och din bil
till servicestationen för era kontroller
Sen får du grafik med din egen profil
och bilen betyg där det står om den håller

Google och Facebook har ständig kontroll,
du jämför figurerna med dina vänner
Du får en signal när det krävs underhåll
av enkla problem som du glömt hur man känner

Stopp för stöd till företag som ger aktieutdelningar

8 maj

Ett mycket märkligt tillstånd föreligger,
det sitter nån vid snabbköpet
och håller fram en mugg;
och inte någon vanlig rom som tigger,
nej, en direktör som tittar ängsligt under lugg

Han är en mellanhand för kapitalet,
som hört ett rykte om att
snart ska staten gå förbi
med pengar som kan rädda hem kvartalet
och gynna aktieägare med svag ekonomi

Ett rykte om att staten ger presenter
kan locka företag att
rada upp sig i en kö
Då blir de allihopa intressenter,
som vässar argument för att just de behöver stöd

Det sitter nån vid snabbköpet och bönar,
en dåligt utklädd direktör
som ler och säger hej
Han har ett sätt att tala som förskönar,
men svaret när han tigger skattepengar blir ett nej

"Coronakrisen kräver ett starkare EU-samarbete"

9 maj

Förr löste vi konflikter genom strid,
när stora krig förödde kontinenten
Nu har vi under sjuttiofem års tid
bytt ut granaterna mot argumenten

Med egen kommission och eget råd,
med rörlighet och rikedom som bete
med små, små steg och utan stora dåd
har vårt Europa byggt sitt samarbete

Förhoppningsvis ska inte allt ta slut
som bieffekt av virusinfektionen
Hys hopp att inte krisen blir akut,
att freden inte är i farozonen

10 maj

När virussmittan plågat flera län,
tycks Skånes kurva blivit alltför flack
När Sörmlandsvården går på sina knän,
väntar Öresund på en attack

Den skånska vården trodde på en flod,
men möttes av en blygsam liten bäck
Man står med sängar, masker och metod
och letar runt i alla väderstreck

Vart har den tagit vägen denna våg,
är Skånes mylla fullständigt immun?
I så fall far vi dit med stora tråg
och transporterar jord till vår kommun!

Viruset tvingar finländarna ut på åkern igen

11 maj

För länge sedan levde vi av jorden,
vi sådde och fick skörda varje år
Det gav oss för det mesta mat på borden,
om inte missväxten var alltför svår

Nu brukas våran jord av många färre,
som ofta kommer från ett annat land
Då blir det där med skörden lite värre,
när gränserna har spärrats efterhand

Ska ledighetsfraktionen ut och plocka,
så finns det risk att skörden kräver tid
Och står där sen en kontrollant med klocka,
så finns det nog dessutom risk för strid

Men vi förgås väl om vi inte äter
och får bereda oss på tuffa tag
Vi måste ut och gräva upp potäter,
för nöden har ju ändå ingen lag

När Frankrike öppnar igen är det frisören som lockar

12 maj

Att få göra sig vacker igen
är nåt som i sanning kan frälsa
Med frisyren som hjälpande vän
får du tillbaka din hälsa

Nu när flertalet ropar på test,
är vi kanske nånting på spåret?
Det är nog en vinnande häst,
att kartlägga smittan på håret

Nya miljarder ska lyfta äldreomsorgen

13 maj

Tunga lyft är ofta ett bekymmer
i vården av en gammal veteran
En liten lindring - när det ändå skymmer -
är pengar till en stark och stadig kran

Så gör coronaviruset svenskar till nationalister

14 maj

Blott Sverige svenska virus har,
släpp inte in nåt annat!
Vår misstro mot immunförsvar
har pandemin besannat

Blott Sverige svenska virus har,
låt andra sköta sina!
Vår starka stam är oslagbar
i kamp mot dem från Kina

Blott Sverige svenska virus har,
låt nyheten brisera!
Vår fördel är ju uppenbar,
dem kan vi exportera!

Oenighet mellan myndigheterna försenade app

15 maj

Emellan ämbetsverken finns en gräns,
som stundom expanderar till ett glapp
Nu senast kom man inte överens
om formerna för inköp av en app

På golvet lurar smittan varje dag,
där personalen jobbar med visir
De tar en risk med varje andetag,
men högt däruppe pinkar man revir

Coronakrisen.

SD-ledaren: Regeringen har gömt sig bakom Folkhälsomyndigheten

16 maj

Det heter att de gömt sig bakom Anders
och hukat sig i skydd av en bacill
Löfvén är skuld till att det gått åt fanders,
som inte ställt sig upp och rutit till

Om landets ledning leker kurragömma,
så har den inte lyckats särskilt bra
Åtminstone, så vitt jag kan bedöma,
uppträder de på TV varje dag

Kanhända det egentligen betyder
en avund mot det ljus de vistas i
Den lockar fram en ström av plattityder
från Åkessons förmörkade parti

De stod i skenet alla dar i veckan,
med tid och rum att sprida ut sitt hat
Corona fick sen luftslottet att säcka
(i sig ett mindre väntat resultat)

De drömmer att de åter ska få smaka
på sötman från den märkliga succén
De söker sig en väg att ta tillbaka
den mark de har förlorat till Löfvén

172

Sjuksköterskan Sara: "Det har blivit extra mycket död nu"

17 maj

Somliga dör i trasiga skor
och andra i blanka dojor
Det blir som en spegel av hur vi bor,
utspridda i slott och kojor

Somliga dör i trasiga skor,
med vårdare vid sin sida
För bara de anställda har ju jour
när ensamma slutar lida

Somliga dör i trasiga skor,
kommunen betalar graven
Det blir ingen gråt under svarta flor
för den som har gått med staven

Somliga dör i trasiga skor
efter sin korta runda
En lättnad, större än vad du tror,
att lägga sig ned och blunda

Folkhälsodirektören i Norge: "Vi hann aldrig ta en verklig diskussion"

18 maj

Om politikens signum är att handla fort och fel,
med avsikten att verka resolut,
blir följden att man sminkar om
försvar till anfallsspel
och fattar rätt förhastade beslut

Om politikens särdrag är att alltid veta bäst,
så odlar man ett vetenskapsförakt
I avsaknad av egen kunskap
gör man segergest,
allt i en fåfäng strävan efter makt

Om politikens framtid skulle hänga på en tråd,
så är det kanske dags att tänka till
Då avstår vi från den
som fikar mest efter applåd
och väljer någon mer omdömesgill

Rekordstort intresse för grön teknik trots tufft ekonomiskt läge

19 maj

Grön teknik är ännu ganska grön,
men övriga metoder är fossila
Med tanke på klimatet och miljön
så borde olja, gas och kol få vila

Finns det redan nu ett kraftigt sug
för utsläppsfri försörjning av fabriken,
så borde grön teknik bli den refug
som räddar oss ifrån klimatpaniken

Grön teknik är ännu ganska grön
och har ej fått den plats den kan förtjäna
Men siktar vi mot Vintergatans krön,
så når vi kanske topparna på träna

Utsläppen minskar stort – men klimatet påverkas knappt

20 maj

Det viktigaste är ju det som sker i långa loppet,
inte vad som händer här och nu
Och optimisten lever lika fullt och fast på hoppet
att utsläppen drar bort som ett jehu

Klimatet kräver uthållig förändring här på jorden,
vi skulle helst ha börjat som igår
Planeten mår ju inte bättre av de fina orden,
där är det bara handling som förslår

Ponera att vi skulle kunna ge vår värld en gnista
och göra något gott av pandemin
Att säkerställa så vi inte skulle bli de sista
som vandrar i den här geografin

Då krävs det solidaritet emellan världens länder
av annan sort än den vi just har sett
Det tycks som om det är rätt höga odds
på att det händer,
att vi ska lämna vägen vi beträtt

Läkaren om antikroppstesterna: "Antikroppar inte detsamma som immunitet"

21 maj

Antikroppar liknar små soldater,
som letar upp en särskild virusstam
Vid sammanstötning slänger de granater
och jagar varje cell som tittar fram

De lejer adaptiva assistenter,
som mobiliseras när det vankas strid
En kontingent av hemliga agenter,
på plats och ständigt redo att ta vid

Till sist finns stamanställda leukocyter*
armeringen i kroppens grundförsvar,
som gör att resistensen sällan tryter
- och alla är de värda en fanfar! 🎺

*) vita blodkroppar

Partierna sviker vallöften om att stoppa skattefusk

22 maj

Det tycks mig över hövan svårt att sitta i regering,
när allt man vill förändra präglas av globalisering
Och inte blir det lättare att sköta sin planering
om kabinettet också är en flerpartilegering

Och är man sen beroende av andra små partier
och nyckfullt variabla mängder väljarsympatier
kan spänningen gå ned jämväl i färska batterier
och statsråd titta avundsjukt på gamla dynastier

Det finns så många viljor överallt i världens stater;
politiker på scenen har sin roll på en teater
Bland impulsiva ledare med allehanda later
behöver vår regeringschef en egen psykiater

Covid-19-oro på häktet

23 maj

(mel. Sol och vår)

Ett litet virus av coronasort,
från Kinas inre gick det på export
Efter en månad, utan nån invit,
en vacker dag så kom det hit

Via Italien fick det fäste här,
det hade liftat med en resenär
som festat runt på nån semesterort
- när han kom hem så gick det fort!

När det är sol & vår ett Covid19-år
är det så lite man förstår
Och alla virus små bör låsas inne då
när smittan går mot sol & vår

24 maj

Siffrorna flyger omkring,
du vet inte vad du ska tro
Du hör, men förstår ingenting;
snart låter du allting bero

Smittade i en kommun?
Den tid man får köra sin bil?
Karens innan man blir immun?
En kurva som blivit stabil?

Avlidna eller procent
på IVA och äldreomsorg?
En viktig koefficient
vid samling på gator och torg?

Siffrorna flyger omkring
Reportrarna tuggar och mal
Du lyssnar, men glömmer allting
Förvirringen är total

Svensk ekonomi kan drabbas lika hårt som övriga Nordens

25 maj

När dammet har lagt sig och krisen är över
ska allting igång som har legat i dvala
Först då kan vi utreda varje manöver
och se om aktionerna varit fatala

När sen alla hjulen på nytt börjar rulla
så blir det en kamp mellan olika länder
Då märks det om vi varit nog insiktsfulla,
som följt en princip tvärs emot alla trender

Vår press kommer inte att spara nån möda,
med siffrornas hjälp tror de svaret är givet
Men det finns en risk i att räkna de döda,
man får inte med dem som räddats till livet

Danskar får åka till Sverige – men inte tvärtom

26 maj

Hitresta danska fiender och vänner
får inte vända hem den väg de kom
Det är en lång och ståtlig bro vi bränner
och stärker delningen i vi och dom

När dannebrogen har passerat sundet
och borrats ned i Skånes mörka mull,
beror det på hur Mads förvaltar pundet,
om inkräktarn ska stöta på patrull

I annat fall är landskapet förlorat,
vi sörjer redan jorden som vi mist
Vårt närmsta södra grannland blir förstorat
och bytet ändrar riktning sedan sist

Nu ångrar dansken tiden de förspillde,
den tid då Skåne drevs i svensk regi
Corona hotar freden i Roskilde;
var skåning lever snart i bigami

27 maj

Forskare är de som ständigt söker
och noga skiljer vetandet från tron;
nu har de kommit på att den som röker
har mindre risk att dö av infektion

Vem har sagt att svaren ska va lätta
på frågan hur vi möter pandemin,
men nog finns orsak att ifrågasätta
om lösningen är mera nikotin

Vi som alltid hört att det går illa
för den som slavar under detta gift,
får nu till svar att bruk av cigg och prilla
betraktas som en hälsosam bedrift

183

28 maj

De gamla vissnar bort i ensamheten
och krispaket beskär ekonomin
Trots alla stängda restaurangarbeten,
mår många bättre mitt i pandemin

Det är ju så när döden kommer nära,
att kursen stiger för det liv man har
Den motgång som man förr haft svårt att bära,
kan plötsligt kännas fullt förhandlingsbar

Som brukligt är vid nationella kriser,
förenas vi och löser ett problem
Vårt mål - att inte samhället förliser -
kan minnet putsa upp till ett emblem

29 maj

Du känner att luften är tung
Det dagliga trycket är hårt
Du vet att du snart åker dit
Det formar dig redan som ung
Du vet att det kommer bli svårt
Du vet att du inte är vit

Du hörde väl talet av King
Du vet att han hade en dröm
Det var en föränderlig tid
Sen dess har det hänt - ingenting
Ditt land har en tå som är öm
Det återstår ännu en strid

Stängd krog åter öppen

30 maj

Ska vi ta en öl på öppna krogen?
Där stolarna och borden står för trångt
Där krögarn inte är tillräckligt mogen
Där girigheten gått på tok för långt

Om löningen är slut så får du låna
I baren finns det nyckel till en kvart
Beställer du en öl får du Corona
På nätterna kan du betala svart

Förr måste krogen erbjuda förtäring
till varje droppe sprit som skänktes ut
Sen restauranger blev en rufflarnäring
är alkohol en framgång utan slut

Tomma vårdplatser – ändå dör de äldre på boenden

31 maj

Kommunen har för låg kapacitet;
en hyggligt pigg senior får inte plats
Chans till förtur fordrar sjuklighet,
som också kräver extra vårdinsats

Men äldreboende är inte vård,
där härskar medicinsk inkompetens
Domen över Ädel* faller hård;
den gängse diagnosen är demens

Boomern ser sig själv som evigt ung,
annars hade nånting redan skett
Nu riskerar bördan att bli tung,
i skenet av beslut som har gått snett

Man hoppas att en följd av pandemin
kan bli att staten tar ett helhetsgrepp
Vi är i stort behov av en doktrin,
som klarar av att vända detta skepp

*) Ädelreformen (1992) = kommunen
ansvarar för hemsjukvård och vård av
äldre sjuka med s.k. äldreboende. (NE.se)

juni 1-30

Trump får mycket svårt att trösta USA

Minneapolis.

Trump kan bara samla till strid

1 jun

Han är som sprungen ur en gammal fabel
om ondskan klädd i skepnad av en varg
Rasismen hans är knappast acceptabel
VERSALER TWITTRAR HAN NÄR HAN ÄR ARG!

Han verkar övertygad när han skryter
Han tror vartenda ord för egen del
Det tycks som självtilliten aldrig tryter
Han hävdar att han aldrig har haft fel

Han verkar helt ur stånd att känna skammen
av att bli motbevisad om en bluff
Nu drömmer han att vargen tröstar lammen
Han spelar både omtänksam och tuff

När vargen givit lammen sista friden,
när alfahannen tröstat dem till döds,
bekräftas vad vi vetat hela tiden,
det lammen anat ända sen de fötts

191

Därför tar det längre tid att bli vuxen i dag

2 jun

Curlingbarnen växer aldrig upp;
föräldrarna kan inte släppa taget
En väl omhändertagen åldersgrupp
med gott om svängrum för det egna jaget

När skolan slutar har man ofta fest,
men curlingbarnens sätt att ta studenten
har spårat ur och kräver alkotest
vid landning efter Cypernexperimenten

Föräldrahemmet står ju där det stått,
man flyttar inte för att för att få bestämma
Det har en kelgris ändå alltid fått,
så det är lika bra att stanna hemma

Sen måste man ju resa jorden runt
och det blir svårt med egna lägenheter
För världsmedborgarn är det därför sunt
att minimera sina skyldigheter

När det blir dags att tänka på sitt liv,
behöver man en exklusiv examen
Man vill ju gärna vara attraktiv
- då får man expandera studieramen

Det blir en studietid på många år,
då curlingbarnen pluggar inför proven
Om bildningsbanan ändå blir för svår,
så är det prestationskrav som är boven

På jobbet ska man göra karriär
och gärna också vara bäst i klassen
Men kraven leder ofta till besvär,
likt stressen och de långa arbetspassen

Till slut går curlingbarnen i pension
och lär sig varje ord i svanesången
När servicen har nått sin slutstation,
så sopar mor och far för sista gången

Rusning efter tester trots osäkra resultat

3 jun

Testa, testa, testa,
ropas i publiken
Ett prov sägs va det bästa,
(den enkla retoriken!)

Testa, testa, testa,
(upprördheten smittar...)
det hjälper mot det mesta
- beslutsmotivet kvittar

Testa, testa, testa,
får en dödlig nota
Om frasen skulle fästa,
går testa före bota

Nästa, nästa, nästa,
låt oss slippa tjatet
Testa, testa, testa,
vem angår resultatet?

Tusentals bröt mötesrestriktioner för att demonstrera mot polisvåld

4 jun

Mänskor samlas för att stötta
svarta liv som spelar roll
och blir helt korrekt bemötta
av polis som håller koll

Fredliga demonstrationer
åtnjuter sitt grundlagsskydd
Lag om mötesrestriktioner
blir då inte enkelt tydd

Massor får man inte samla,
femtio är en magisk gräns
Håll distans och skydda gamla,
är ju Sveriges preferens

Alla ombeds att försvinna
tills tillräckligt få finns kvar
Ingen tycks ha nåt att vinna
på att ta totalansvar

Många stannar, inget händer,
alla där tycks ta reson
Sympati med åsiktsfränder
blir en manifestation

Hoppas bara ingen smitta
spreds bland folk på stadens torg
Mänskor vägrade försitta
chans att dela svartas sorg

Rusning till SJ efter beskedet att vi får resa

5 jun

Att sitta tätt på trånga tåg
är mångas sätt att resa
och alla kommer väl ihåg
att grupper ska va glesa

Men om det är som någon sagt
att resa är att leva,
så kan en tur med virusfrakt
få ordstävet att skeva

Jag antar att 'varannan tom'
är bästa motåtgärden,
så inte infektionssjukdom
till sist förmörkar färden

Studenterna springer ut – men blir det till en ljusnande framtid?

6 jun

Bilderna av dagarna som kommer är diffusa,
ingen kan bestämma att de blott ska vara ljusa
De som tar studenten, just i detta nådens år,
ska kanske se tillbaka på en annorlunda vår

Några minns lektionerna som varit virtuella
Nån får nåt att skylla på, som tycker om att gnälla
Många sörjer tjusningen att åka runt på flak
Någon slipper vakna upp ur fyllan, som ett vrak

Framtiden blir ändå ungefär som för de flesta;
några har en dålig start och andra får det bästa
Livet varierar och kan vända på en knapp
Den som hamnat efter måste kämpa sig ikapp

Orättvist är ordet, som beskriver livsprocessen
Vart det bär är okänt, när man inte har adressen
Vi sitter hela bunten till och från på handlarns trapp
och spanar vilset efter både ord och papperslapp

Mobiltrafiken har ökat stort under krisen

7 jun

När mänskor inte längre kunnat mötas,
har vänner kunnat ses på telefon
Kontakterna har tillfälligt fått skötas
med hjälp av nättekniken hemifrån

Till glädje för mobilens operatörer
har krisens koma mötts av mer trafik
Vi handlar mer av Internets aktörer
i stället för att gå till en butik

Så låt oss slippa virus i systemet
och undvika att åka på en propp
För nås vi av det nyaste problemet,
så har vi ännu ingen antikropp

Stor ökning av unga som vill ha hjälp med skulder

8 jun

För stora skulder är som övervikt,
du har lagt för dig över din förmåga
Det blir en katastrof på längre sikt
när njutningslängtans följder blir en plåga

En skuldsanering är en operation,
som man tar till när annat har fallerat
Från Kronofogden ges ingen pardon,
mot bakgrund av det sätt som man agerat

Saneringen är ingen sinekur
och ingen vanlig curling för de unga
Det tycks som många tidigt drar sig ur,
när hjälpvillkoren tycks dem alltför tunga

Att livet måste ha så vassa hörn,
det hade ingen vuxen rapporterat
Men efter denna resoluta törn
är jordelivet tydligt presenterat

Sverige ska skyddas mot utländska uppköp

9 jun

Marknadsekonomi i all ära,
den har sina svaga punkter
Flaggskeppens tider kan bli så prekära
att risken är stor att de sjunker

Står det då främmande makter beredda
med nytryckta sedelrullar
Kan det stå klart att vi blivit förledda
och då blir det nog andra bullar

Bleka om nosen förstår vi effekten
av marknadens företräde
när rika kineser slår till på direkten
och köper vårt land på ett bräde

"Ge inte pensionärerna bidrag
– förstärk pensionssystemet"

10 jun

Alla här i landet måste leva,
ingen ska bli lämnad utanför
Vi anslår understöd i samma veva
som folkpensionen har för låg valör

Det är dags att öppna kassakistan
och gynna alla oss på ålderns höst
Pensionstillägget kan vi ha och mista,
vi tackar nej till allmosor som tröst

Nej, vi har fått nog utav medaljer,
nu väntar vi på en rejäl pension
Efter år av ATP-bataljer
krävs en godtagbar kompensation

Det krävdes en pandemi för att sätta äldreomsorgen på dagordningen

11 jun

Ont för ofta med sig något gott;
i Tyskland byggde Hitler autobahn
I vår har pandemin fått på sin lott
att reformera vård av veteran

Äldrevården hade rustats ned,
fast genomsnittlig ålder plussats på
Valfrihet och läkarbrist som sved;
undermålig utbildningsnivå

Kostnaden i offer blev för stor
när smittan tog sig hela vägen in,
men om vi får det bättre där vi bor
så trillar vi med värdighet av pinn

Sveriges rykte oroar turistbranschen

12 jun

Ska Sverige bli Europas undulat,
som lever sina dagar i en bur?
De andra flyger fritt och letar mat,
när instängdheten blir vår signatur

Blir svensken kontinentens lindebarn,
som ligger ned på golvet i sin hage
När syskonen far runt som en orkan,
så flaxar vi förgäves runt på mage

Är Sverige européernas intern,
som inte har nån nyckel till sin dörr
En laglös vilsekommen utan värn
med bara bleka minnen ifrån förr

Ja, Sverige tycks ha blivit alibi
när andra länder rusar på för fort
Man leker inte med en pandemi;
att hålla i & hålla ut är stort

Så lång tid tog det för Sverige att inse allvaret

13 jun

Du lever hela livet framåtvänd,
varje position du når är ny
Ingen vy som möter dig är känd,
alla vägskäl skapar huvudbry

I bästa fall förstår du efteråt
vad som ledde fram till nästa fas;
allehanda svek av ont försåt;
varför vissa drömmar gick i kras

En journalist står alltid bakåtvänd,
tror sig veta allt som har gått fel
Du blir garanterat underkänd,
ställd emot en sån expertpanel

Svenskens sinne för att köa är det finaste vi har

14 jun

Kökultur är svenskens adelsmärke
i Östergötland, Medelpad och Närke
Vi ser ett värde i att stå i rader,
långt större än vår vördnad för Gud Fader

Att stå i kö är bättre än att bråka,
det skulle nog de flesta förespråka
Jag gissar väl att många av oss bävar
om köer gjordes upp med knutna nävar

I Disneyland ställs köer bakom stängsel,
så ingen ska få se att det är trängsel
Men svenska köer syns när de är långa,
då står det klart att köparna är många

Mest tydligt är det innan rockkonserter,
när stjärnor kröner långa karriärer
Då övernattar fansen vid lokalen
och håller själva efter kömoralen

Så tränar vi oss att organisera
och lärs på samma gång att respektera
den ordning som har slagits fast av andra
Den färdigheten är väl svår att klandra?

15 jun

Man anser att vi är intelligenta,
med ständigt högre utbildningsnivå
Hur kan då griller vara så frekventa?
Det tycker jag är marigt att förstå

I likhet med det prat vi kallar skvaller,
tycks griller inte kräva nåt belägg
Ett tvivel om hur saker förefaller,
blir lätt en diskussion om påvens skägg

När vi fått längre tid på lärosäten
har professioner mist auktoritet
Trots torftig kunskap tar vi gärna täten
och tror då bergfast att vi själva vet

Det var nog inte bättre förr i tiden,
men kunskap möttes ofta med respekt
Nu har vi mer respekt för individen
och lärda ord får krympande effekt

"Män rekryteras på potential – kvinnor på vad de redan utfört"

16 jun

Visserligen saknar jag meriter
och vilar mycket hellre än jag sliter;
min cv är egentligen rätt skral

Jag har emellertid nånting som biter,
som länge format utvalda eliter:
Jag har en mycket stor potential

Vi måste inte vara så formella
när exklusiva jobb är aktuella;
det säger inte allt om vad man kan

Om inte mina krafter är reella,
så är de ändå högst potentiella
och sist, men inte minst, så är jag man

17 jun

Sugen på den värsta infektionen?
Angelägen om att bli immun?
Missat att det kan bli slutstationen?
Jag skönjer inga svar i intervjun...

Slicka på ett räcke, sjunga i en kör,
rum på äldreboende, gör att många dör
Blundar man för smittan, trotsar man en risk
Sjunger man i duschen, håller man sig frisk

Någon for till Stockholms tunnelbana
för att slicka i sig infektion
Absurdare än någon kunde ana;
vad ska hans gravsten få för inskription?

Slicka på ett räcke, nysa i en buss,
rum på äldreboende utan någon sluss
Blundar man för smittan, trotsar man en risk
Sjunger man i duschen, håller man sig frisk

209

Smitta präglar körrepetitioner,
altar stänker virus på en bas
Sången mynnar ut i mörka toner;
bacillerna är flyktiga som gas

Sjunga tätt i stämmor, samlas i kvartett,
åldrade korister, blir en rysk roulette
Blundar man för smittan, trotsar man en risk
Sjunger man i duschen, håller man sig frisk

Slicka på ett räcke, sjunga i en kör,
rum på äldreboende, gör att många dör
Blundar man för smittan, trotsar man en risk
Sjunger man i duschen, håller man sig frisk

18 jun

Idag går sympatierna
till allt som går åt skogen,
bland annat bryggerierna
när färre går på krogen

Men också åkerierna
som transporterar bärsen,
tillsammans med bankirerna
som tjänar på kommersen

Så faller ofta brickorna
när någonting fallerar
Om en får tomt i fickorna
får fler kapitulera

Ja, många blir förlorare,
ju mera skiten skvätter
Då har man blott en polare,
hans namn är Svarte Petter

Kommer pandemin att föra oss samman eller öka klyftorna?

19 jun (midsommarafton)

En stund då vi behöver våra kära
ger upphov till en tår i ögonvrån
Man längtar efter att få vara nära,
men tvingas fira helgen långt ifrån

20 jun

Snigeln har en verksam karantän
när den vistas ensam i sitt skal
Ingen tar sig in i hans domän
bakom detta hårda material

I campingtider drar en karavan
med kosan mot den ljuva sommartid
En rad av burkar ringlar ut från stan,
bort från vardagslivet hemmavid

Burken skyddar hugad resenär
från en dödlig virusinfektion
Trygg och säker kan han vistas där,
ensam i en utsatt situation

Brokig karavan i karantän
campingliv på hjul, ett säkert val;
skyddar både fattig och förnäm,
kapslade i virustryggat skal

213

Peter Wolodarski: Försök digitalisera bort kamrater. Det går inte.

21 jun

När vännerna kan vara digitala,
möter jag livs levande kamrater
Vi träffas sällan, men förblir lojala
och bibehåller samma koordinater

Vi fyller en depå med våra minnen,
från stora frågor till de mest banala
Vi frossar, när vi möts med alla sinnen,
men dessemellan är vi digitala

Upprörda belgare kräver att statyer av kolonialkung plockas ner

22 jun

Nu kantas avenyer
av massor i protest
Nu välter man statyer,
nu formas manifest

Vi lever i ett skede
då händelser igår
ger upphov till en vrede
som drabbade förstår;

med lik i garderoben
från nyss och svunnen tid,
då vita män von oben
fick härska utan strid

Nu exponeras liken,
för alla att bese
Nu synas politiken,
som lät det hela ske

215

Nu grävs det i annaler
Nu öppnas mången dörr
Nu lastas generaler
för synder ifrån förr

Nu tappar döda kungar
sin ädla polityr
och hela scenen gungar
för dagens garnityr

Vi äger ett förflutet
som redan är på glid,
som flåsar oförtrutet
i nacken på vår tid

Var detta tar sin ände,
det vet vi inte än
Ska lågan nuet tände
dra vidare till sen?

23 jun

Alla älskar vi schabloner,
fördomsfulla attribut
Alltför enkla distinktioner
av hur andra tar sig ut

En är om ett folk i Norden,
som sägs äga danskt gemyt
Men de fördomsfulla orden
är som vanligt blott en myt

Dansken nyttjar gärna käppen,
som metod att hålla pli
Blanda inte bort begreppen
när han tycks så glad och fri

Bakom pølserna i parken
finns en hård och knuten hand
Nu kan danskarna få sparken
för en resa till vårt land

Extrema hettan i Sibirien ett hot mot permafrosten

24 jun

Permafrosten tappar greppet,
ska Sibirien bli ett träsk?
Blir det det som sänker skeppet?
Bara tanken känns grotesk

Ännu finns det de som nekar
till att vi ska ha nån skuld,
hur än vetenskapen pekar
på att våran kvot är full

Vän av ordning måste undra,
hur det annars har gått till;
inte dör Sibiriens tundra
för att vintern varit mild

Nej, här måste termometern
väldigt länge ha gått upp,
nåt som forskning om planeten
också synat under lupp

Skyndsamt måste något hända,
som kan ge effekt framgent
Alla kurvor måste vända
- annars är det nog för sent

Katrine Marçal: Svenskar borde släppa sin besatthet av uttal – halländska funkar även på engelska

25 jun

Vi svenskar tar oss fram på varje resa
med språk från mellanstadiets lektion
Att röja sina brister är en nesa,
precis som varje krossad illusion

På Londons gator låter vi som britter
men är komplett renons på svåra ord
Det är rätt mager kunskap vi besitter
och därtill är syntaxen hemmagjord

Vi knarrar i New York som amerikaner
och tror vi talar deras idiom
För ordförrådet krävs dock åtgärdsplaner,
precis som mot vårt stöddighetssyndrom

Det är helt enkelt dags att börja plugga,
om vi ska leva upp till våran dröm
Få korn på nya ord och börja gnugga,
kurera tån som börjar bli rätt öm...

Fullt på många stränder – trots fortsatt smittrisk

26 jun

Corona börjar nu bli vardagsmat
och människan är ofta ganska lat
Hon struntar i att morgon, middag, kväll,
anamma restriktioner från Tegnell

En del beter sig kanske mindre smart
och verkar tro att allting nu är klart
De går på restaurang, de skakar hand,
de umgås tätt och kramar om varann

Man står och trängs i kollektivtrafik,
man vidrör teservisen på ett fik
På stranden kommer knappast nån ihåg
att närhet lockar fram en andra våg

Vi måste hålla i och hålla ut
och sköta oss till pandemin är slut
Om inte vi kan lyda utan tvång,
så kommer vågen åter, gång på gång

Säsongen blev kort för Astrid Lindgrens värld

27 jun

I Vimmerby har världen börjat svaja,
Madicken står och vinglar på ett tak
Ett tillbud och en sannspådd Krösa-Maja,
med tyfispandemi som dödsorsak

Nu hamnar Astrids park i snickeboa
och ingen anar när den slipper ut
Effekterna på bygden kan bli stora,
all världens virus kräver sin tribut

När Karlsson styr mot Villa Villerkulla
och Pippi släpper upp sin rullgardin,
är allas blickar så förväntansfulla,
med hopp om ett kuckelimuckvaccin

Men Vimmerby får vackert gilla läget
och Pippis pappa segla på sitt hav
Från norr till söder väntar barnen träget,
fast Jonatan och Skorpan gett sig av

Resa genom Europa kräver tålamod och kalla nerver

28 jun

Trots avtalen, som vi kan åberopa,
har hinder rests som gör vår resa svår
Mest liknar nu semester i Europa
en rumlarrond när man var nitton år

Du kryssar mellan sejdlarna och haken,
med nästa vattenhål för ögonen
Ditt mål är inte främst den goda smaken;
du kommer snart bli avvisad igen

Så blir det att semestra i unionen,
för ingen vet var du får komma in
I ett land är din chans en på miljonen,
i andra stater öppnar man sin grind

Högtflygande Europasamarbete,
beseglat av statuter och fördrag
har vänts till övervakat gränshelvete,
som sträcker sig från Lissabon till Prag

Mississippi tar bort sydstatssymbol

29 jun

Nog satt det rätt långt inne,
typ, hundrafemtio år,
att släppa detta minne,
kurera detta sår

Det krävdes fler martyrer,
fler skymfer i vår tid
Historiens halvmesyrer
gav plats för denna strid

Den formar ingen era,
men är ett litet steg;
det fordras säkert flera,
förändringen är seg...

223

Krafttag mot fartdårar

30 jun

Leksaker har blivit jättelika
och handhas framför allt av stora barn
Dess ägare bör vara hyfsat rika,
med fördelaktig avbetalningsplan

Elon Musk gör bilar och raketer
och är väl kanske den som lyckats bäst
Hans lekkamrater har förmögenheter
att lägga på den pryl som roar mest

Längre ned på denna rankinglista
huserar de som ödelagt vår frid
Med doningar som vi kan ha och mista
forcerar dessa fram med högsta speed

Färdas med ett åk man kallar skoter
och klyver vattenytan på en sjö
De dundrar ofta fram som idioter
och bullret förorenar vår miljö

Vintertid så ser vi samma snubbar
förflytta sig med liknande schabrak;
för både unga glin och gamla gubbar
tycks välja lekar efter samma smak

Bullrar motorljudet över fjällen,
så saboterar skotrar våra spår
Då önskar man dem bort till andra ställen,
där leken inte styrde hur vi mår

juli 1-31

Vi hade en gång en Öresundsbro

1 jul

En bro är en gestaltad metafor
för människors vision att brygga över
En manifestation av att det går
att forma det man önskar sig framöver

En bro är inte nåt man klipper av
på grund av nån dispyt med andra sidan
Man får ju mer tillbaka än man gav
och säker återbäring på sin bidan

En bro betyder kommunikation,
en möjlighet för människor att mötas
Då uppstår det vi kallar relation
och sådana kontakter måste skötas

App eller arbetsgivare – nu granskas företag av Arbetsmiljöverket

2 jul

Hör upp, gott folk, nu har vi nya tider!
Min son har börjat jobba för en app
Ett fenomen i raden av hybrider
i arbetslivets senaste etapp

Man anar här en avledningsmanöver,
där företaget blivit en attrapp
som döljer vem som faktiskt tagit över
och bidrar till att lönen är så knapp

Som brukligt är när marknaden går före
får lagstiftaren jobba sig ikapp
För saknas det ett tydligt rättesnöre,
så blir det gärna lite hipp som happ

Statyer plockas bort – men arvet från slaveriet lever kvar

3 jul

Historiens synder väntar på sin dom,
med köpmän som berikat sig på slavar
De skodde sig när handeln stod i blom;
nu dansar människor på deras gravar

De överskott som handeln byggde upp
finns kvar, fast man friserat eftermälet,
och göder särskilt den befolkningsgrupp
som tveklöst hade ansvar för befälet

Men de som klubbades som husgeråd
och transporterades som kreaturen
har inte fått nån bot för dessa dåd
och ingen hjälp att driva proceduren

Nu rör sig vreden som en präriebrand
när mänskor häver upp sin röst på torgen
Om styret gör försök med tryckförband
riskerar man att underblåsa sorgen

231

MSB ser möjlig explosiv utveckling av pandemin

4 jul

Vi färdas i den krutdurk smittan gav;
om fler av oss blir less och börjar slarva,
och nonchalerar myndigheters krav
kan Covid ladda på en riktig salva
som leder till att många smäller av

Större majoritet vill ha färre asylsökande

5 jul

Så långt man minns har människor på flykt
sökt fred och frihet, föda, säng och tak
De drömmer om att livet ska bli tryggt;
det är en fullt begriplig flyktorsak

Nu dryftas det en annan form av tak,
som avgränsar vår solidaritet
De nödställda i Syrien och Irak
kan inte räkna med vår gästfrihet

Hur hamnade vi där, hur gick det till?
Ska flyktingbarnen inte få asyl?
Är detta nu vad svenska folket vill?
En revidering, som ett slags rekyl?

För inte länge sedan stod vi upp
som goda grannar i en städad stat
Sen skedde det en orkestrerad kupp,
som släppte fram en formlig våg av hat

Var detta en befintlig underström,
som plötsligt plöjde upp en synlig våg?
Var solidariteten blott en dröm
och hatet något som vi förbisåg?

233

Vem anar vart det svänger nästa gång,
hur slutar diskussionerna om tak?
Ska hatet leva mer än en säsong?
Vad lämnar denna tid för eftersmak?

Den vilda jakten på vaccinet

6 jul

Vi går omkring och hoppas på vaccin,
men ingen vet när det realiseras
Det låter ganska lätt i teorin
och önskedrömmen gör att vi duperas

Men det kan dröja många långa år
tills IVA vågar ställa undan droppet
Vi umgås på distans så gott det går,
står ut och lever mestadels på hoppet

Hunden Asta attackerades av bäver – tvingades sys

7 jul

Nyhetstorkan plågar redaktionen,
då lockas man att sänka ambitionen
Det visas sånt vi lätt kan vara utan
En ström av bagateller fyller rutan

Semester reducerar arbetsstyrkan
det gapar glest som bänkarna i kyrkan
En ny reporter ger sig ut och gräver
och finner storyn om en hotfull bäver

Det leder till den fetaste rubriken
om hundattacken i den lugna viken
Nu är vår bästa vän i farozonen!
Nyhetstorkan plågar redaktionen...

236

8 jul

Att hålla tal vars innehåll är tunt
Att förorena medierna med strunt
Att få en lögn att flyga jorden runt
Det är vad presidenten har som mål

I skuggan fattas riktiga beslut
I fattiga kvarter slås mänskor ut
I staten sparkar ämbetsmän bakut
Man frågar sig försynt vad landet tål

När smittan drabbar människor i nöd
När världens länder efterfrågar stöd
När samarbete är vad stunden bjöd
Då söker supermakten monopol

En mäktig stat som helst vill va ifred
En uppblåst ledare som gör sig bred
En krösus med kontraktsförakt som sed
Vår man har spegelbilden som idol

Merkel varnar för slutna EU-länder

9 jul

Från sex till tjugosju,
framgångar och kriser
Färd från då till nu,
färre gränspoliser

Arbete till fler,
oreglade gränser
Mindre eller mer?
Skilda preferenser

Viruspandemi,
kris och brist på bäddar
Mediehysteri
över alla bräddar

Varje parlament
struntar i unionen
Ingen incident
rubbar situationen

Alla sköter sitt,
ned med persiennen
Skilj på mitt och ditt,
nöden prövar vännen

Hovleverantör av klockor misstänks ha utnyttjats för penningtvätt

10 jul

En kunglig kompanjon i Gamla stan,
vars klockförsäljning gick på slentrian,
fick tips av majestätet
att söka jobb på nätet;
nu jobbar han som penningtvättsbulvan

Nu spåras smittan på Stockholms äldreboenden

11 jul

Nu spåras de som smittar,
nu drar man ut på jakt
De virus som vi hittar
förses med ordningsvakt

Nu lägger man på haken
Nu ska de svältas ut
Nu kartläggs grundorsaken
Nu anar vi ett slut

Men rummen som är rena
och smittan som drog bort,
är inte skäl att gena
och skriva slutrapport

Först måste äldrevården
bli högkvalitativ,
så de som faktiskt får den
kan ha ett värdigt liv

Ensamheten svårast vid distansarbete

12 jul

I ett utav de många krispaketen
gavs order om att jobba på distans
Då grundlades den stora ensamheten
som präglar denna pandemiseans

En del gick in i självvald isolering,
när andra tvingades till karantän;
i denna virusalstrade reglering
är många remitterade dithän

De flesta är till vardags sociala
och umgås obehindrat med varann
Men när förbindelserna blev virala,
så var det som att stämningen försvann

Att jobba ensam sliter på vigören,
en människa är bunden till sin flock
Att varsebli sin stämma utan kören
försätter snart koristerna i chock

Vi trivs och har det skönt som en i horden
och blommar när vi står i en rabatt
Vi gläds när vi förenar oss runt borden
och bävar för att bli åsidosatt

Bevare oss för fler distansarbeten,
de äventyrar liv och bryter ner
Vi splittras i den stora ensamheten,
förtvinar bort och blommar inte mer

Katrine Marçal:
Absurt att pubar öppnar när skolor förblir stängda

13 jul

Du tänker att vi styrs med sunt förnuft,
att klokhet finns i riklig mängd, som luft;
det gör din världsbild mindre sannolik
Om någonting är knepigt att förstå;
om bilden grumlas av en dimridå;
då blottas det som kallas politik

Du tänker att modern demokrati
är hederlig och fri från hyckleri;
då har du ännu barnasinnet kvar
Man lockar dig med allehanda knep,
precis som om du ingenting begrep;
det liknar mest en orientbazaar

Du tänker att en värld som är human
ska först och främst ta hand om sina barn;
då är du sannerligen bra naiv
Om barnens bästa dränks av annat gnöl,
bjuds vuxna av regeringen på öl;
en ynnest med politiska motiv

Pandemin har inte slagit mot skörden

Malproduktion

14 jul

Medias enda fokus är Coronapandemin
och läsaren är värsta virusnörden
Men Covid infekterar varken humlor eller bin,
så varför skulle smittan drabba skörden?

Alkoholkonsumtionen minskar – men försäljningen ökar

15 jul

Många svenskar har problem med spriten;
vi köper mera än vi konsumerar
När flaskan väl är hemma dör aptiten
av skräck för huvudvärken den renderar

Så bygger man med tiden upp depåer,
som överträffar drickkapaciteten
Semestermål med lägre prisnivåer
medverkar till att öka kvantiteten

När livet sen ger plats för efterfesten,
kan alla få så mycket de behagar
Då blir din generositet mot gästen
ett värdigt sätt att sluta sina dagar

Han valde sitt eget avslut

16 jul

hösten släcker ned
minnena har inget val
livet är en nåd

Thunberg inför toppmötet: EU singlar slant om planeten

17 jul

Att knuffa någon framåt mot en brant
- och singla slant
Att välja framtid utan ångerrätt
- med rysk roulette
Att fatta livsavgörande beslut
- på en minut
Det är förmodligen en strategi
- för tragedi

Fler unga söker sig till vårdyrken: "Pandemin har satt det i fokus"

18 jul

"Tänk, vilket underbart liv, det ni för,
säg mig hur känns det att vara charmör?
Sjöman och cowboy, musiker, artist,
det kan väl aldrig bli trist?"

Jo, ganska trist, fröken Rosa,
när man är utan publik
Nu får jag vanka och strosa,
ledan är osannolik
Jag förbereder ett oväntat steg,
söker mig fram till ett anständigt kneg
Vårdyrkets färd mot en ny renässans
ger mig en andra chans!

Tänk, vilket underbart jobb ni kan få,
olika yrken ni kan prova på
Sjuksyster, doktor, kurator, kanslist,
det kan väl aldrig bli trist?

Nej, aldrig trist att få lära,
det finns så stora behov
Bättre kan ingen begära,
ge mig mitt inträdesprov!
Jag tänker ta mig till sjukvårdens värld,
branschen ger mening och mål för min färd
Bota och lindra och trösta ibland,
lägga ett tryckförband!

(Citat från *Rosa på bal* av Evert Taube)

Tekniken inget hinder när svenskarna ska distansarbeta

19 jul

Nu finns det ingen tid för ny teknik,
det är så körigt med distansarbete
En hastig tur till närmsta byggbutik
ryms ledigt i ett luftigt världssamvete

Nu finns en möjlighet att slipa golv,
det erbjuds alla möjliga maskiner
Man hinner, fast det blir ett uppehåll
för barnens badutflykt, om solen skiner

Nu kan man passa på att måla tak
och äntligen klä om sin gamla emma
Bersån, som aldrig varit i min smak,
ska rivas, när man ändå jobbar hemma

Nu pular många på med gott humör,
ja, hemmajobb ger allting på ett bräde,
när inte nån från företaget stör
och kallar till ett videosammanträde

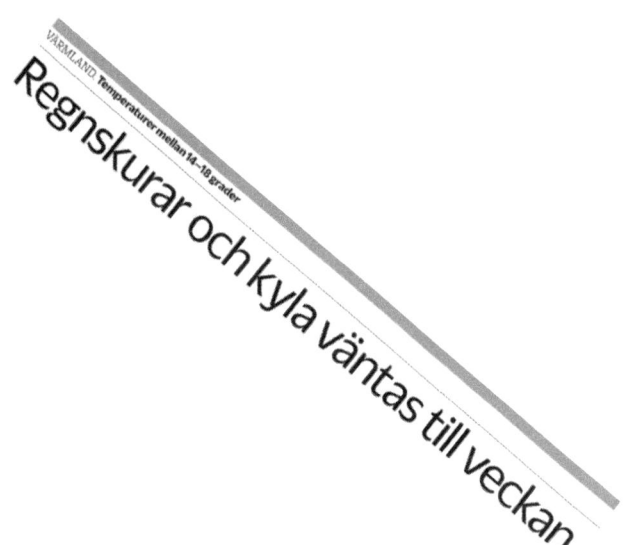

VÄRMLAND Temperaturer mellan 14–18 grader

Regnskurar och kyla väntas till veckan

20 jul

tunga sommarmoln
långt bort fladdrar fjärilen
världen tittar fram

Därför räddar inte pandemin klimatet

21 jul

Att ligga bakom både poesin och kirurgin
ger inte rätt att nyttja atmosfären som latrin
och utsläppsreduktionerna till följd av pandemin
har bara ytterst marginell effekt på dystopin

Vi borde formulera en stabil miljödoktrin,
som innefattar allt från flygtrafik till industrin
Om inte det vi byggt ska rasa ned till en ruin,
så måste vi få fram ett effektivt klimatvaccin

Många segertal – men mycket kan förändras

22 jul

Så kom de överens till slut
med maskerna för munnen
När alla bränt sitt bästa krut
var sämjan återfunnen

Man täppte till varenda glugg
och ingen särling flydde
Om någon av dem log i mjugg,
så doldes det av skyddet

Ministerrådet vände hem
från manglade kolleger,
men ingen av dem satt i kläm
- man kallar det för seger

Frågan på liv och död: Vem äger egentligen Nilen?

23 jul

Vem äger vattendroppen
som forsar fram i floden?
Vem styr över förloppen,
vem startar regnperioden?

Vem äger vattendroppen
vi dricker och fördämmer?
Nån står där snällt med koppen
och pamparna bestämmer

Vem äger livets vatten
som faller på planeten?
Vem kontrollerar ratten
som sprider fruktsamheten?

Vem äger själva källan,
upprinnelsen till livet?
Det dryftar vi för sällan,
jag saknar perspektivet

Nu blir dagliga nattåg till kontinenten verklighet

24 jul

Orden vi har är begrepp och symboler,
ett språk i förändring som blomstrar och växer
På jakt med förstoringsglas och paraboler
finner vi nya idéer och texter

Allting som finns ska beskrivas med orden,
men språket vi äger är ack så begränsat
Vi vet inte ens allt som finns här på jorden
och hur ska man då sätta ord på en känsla?

Dagliga nattåg och nattöppna daghem
är kontradiktoriska ordkonstruktioner
I grunden en mening, normalt vedertagen,
alert inverterad till nya versioner

Så har det varit och blir nog framöver,
vår generation skapar nutida fraser
Folk uppfinner oftast de ord man behöver,
i ordbristens öken finns alltid oaser

Beskedet: Norge öppnar gränsen

25 jul

Nu jublar man i Kalmar
och Östergötlands län,
gränshandelseldoradon
som gått på sina knän

Nu myllrar det av norrmän
på väg mot Kalmarsund
och Finspångs alla köpmän
tar sats mot nästa kund

Vår oljestinna granne
välsignar vår kommers
och bidrar med idéer
till en och annan vers

Så får du en bättre arbetsmiljö hemma

26 jul

En väckarklocka vill jag ha
med mindre ilsken ton
och brunch på sängen varje dag,
det är min ambition

En padda för mitt morgonblad,
det är ett rimligt krav
Av 11-kaffe blir jag glad
och trivs i min enklav

Sen vill jag självklart sitta på
en ergonomisk stol,
den bästa sorten man kan få
och ingen från ifjol

En helt flexibel arbetstid,
och ingen skadlig stress;
en bra vikarie som tar vid
de gånger jag blir less

Då kan jag jobba hemifrån
och hålla rätt distans;
med värvet i den egna vrån,
går allting som en dans

27 jul

Skilda kulturer har olika vanor,
formade i en bestämd tradition
Sederna vandrar i skiftande banor,
föder kanhända en ny konvention

Somliga kvinnor bär tyg för sin nuna,
trogna dekret från en viss religion
Andra försöker bestämt bli immuna
mot virus med hjälp av en munkreation

Modehus tillverkar tyger för munnen,
så man är hipp när man inte blir sedd
Sedan, när ångesten är övervunnen,
får vi en trend som var oförberedd

Då blir det mode med munskydd för kvällen,
stilen kan va både chic och rustik
Alla vill ha exponeringstillfällen,
bära en mask som är väldigt unik

Trump använder Kina för att skifta fokus

USA–Kina

28 jul

Vill man gömma korten utan
nån som helst kontroll,
då gör man så publiken
tittar åt ett annat håll
Det är ett väl beprövat
gammalt knep i trolleri
och alla som ser på
försätts i ovisst bryderi

Nu är det en politiker som
gömmer kort i ärmen
och visar upp ett självbelåtet
flin på TV-skärmen
Han vill få alla landets
väljare att byta fokus
och satsar då på svindleri
med hjälp av hokuspokus

När pandemin tar många liv
och svarta liv värderas;
prognoser spår en valförlust
när mätningar summeras
När presidenten balanserar
på sin slaka lina,
så drar han fram sitt gömda kort
och skyller allt på Kina

Ny studie: En våg av tystnad sprider sig jorden runt under pandemin

29 jul

samlarlivets lugn
industrialismens brus
allting stannar upp

Sjöräddningssällskapet:
Fler oerfarna ute på sjön

Trendbrott: Resor till fjällen ökar

30 jul

Fler på sjön och fler i fjällen
- båda rätt riskabla ställen! -
ger sig ut på äventyr;
ofta går det överstyr

Somliga kan inte simma,
andra får panik i dimma
Vissa kommer aldrig fram,
hänger mest på Instagram

Covid sätter folk i knipa,
svårt för lekmän att begripa
det man aldrig prövat på;
mångas ögon är så blå

Nästa sommar vet de mera,
äventyren kan fungera
Pandemin har vidgat vyn
över sjön och upp mot skyn

Testerna kostar miljarder - men experter tvekar om nyttan

31 jul

Först var det ett jäkla tjat,
ris av aldrig skådad art
"Det vi gör kan aldrig räcka
- hundratusen varje vecka!"

Tjatet fick till resultat
testprogram i stort format
En triumf för politiken
och en eftergift för skriken

Testning blir en dyr fasad,
drar miljard efter miljard
på en logisk kullerbytta;
slöseri till föga nytta

augusti 1-31

Endast utvalda får vallfärda till Mecka i år

1 aug

Två muslimer på vallfärd mot Mecka
hade rykte att vara rätt fräcka
Kvinnan sa utan krus:
Vi kan dela burnus,
sen hon hört att EN pilgrim fick räcka

Ekonomisk kris driver allt fler migranter till Europa

2 aug

Problem försvinner inte om man blundar,
du slipper bara se dem på ett tag
Du mister all kontroll på vad som stundar
och krisberedskapen blir ganska svag

Vi uppmärksammar lätt en sak i sänder
och missar det som inte får nåt ljus
Förvånas sedan av att något händer
i det vi trodde var ett bakgrundsbrus

Att mänskor flyr från fattigdom och terror
är knappast någon nyhet på vår jord
De tar sig fram med ranka skepp och kärror,
med målet att få mat på sina bord

Det klagas i debatten på migranter,
och har nån mod att ta dem i försvar
blir rummet genast fullt av elefanter,
för ingen vågar stå med rumpan bar

Vårdskulden växer när färre opereras under pandemin

3 aug

Ett svårt beslut som tas under protest
är spörsmålet om kolera och pest
Du ryggar först, men måste ändå välja,
och resultatet är du nödd att svälja

Advokatnota skrivs ned med 13 miljoner kronor

4 aug

Små samfund kan ha vissa later
man skapar i lag med varann
Ett typiskt fall är advokater
som skor sig så mycket de kan

Sen länge har nomenklaturan
fått skriva och forma sin roll;
har själv komponerat fakturan,
som påtecknats utan kontroll

Om staten nu vrider åt kranen,
så drabbar det ingen i nöd,
men knorras förstås inom klanen
på minskat försörjningsstöd

"Pandemin gör bostadsbristen ännu värre"

5 aug

Många bor i trånga lägenheter
där smittan ofta hittar till sitt mål
Den fyller allt från hyllor till tapeter;
en gäst som blir ett test på vad vi tål

Om virus blir en broms för byggnationen,
kan projekten på direkten gå i stå
till men för grundidén med expansionen,
som syftat till att lyfta livsnivån

Färre hus blir värre för de trängda,
bristen blir till sist en smittohärd
I nöd fanns inget stöd för utestängda,
en bostadslös som frös fick ingen värd

Kall och regnig juli gav bästa siffran på 26 år

6 aug

Förklaringen till drunkningsolycksfall
är människors benägenhet att bada
Vi dyker djupt och kastar oss i svall
och dessa vanor vållar sådan skada

Vi ser det klart i väderstatistik:
Om solen skiner drunknar många flera
En regnig sommar utan lek och skrik
finns inga incidenter att notera

Statistiker förordar rusk och regn
som bot mot alltför många hädanfärder
Vi andra njuter på vår sommaräng
och undanber oss såna skyddsåtgärder

Poliser kan få skydd till och från jobbet: "Ska känna sig trygga"

7 aug

Nu går väl ändå skam på torra land?
Om poliser måste hålla nån i hand,
hur ska de kunna skydda oss från brott?
Och vem ska få polisen på sin lott?

Polisen och försvaret har kontroll
på rätten att helt lagligt bruka våld
Då kan man undra hur vi har det ställt,
om dessa makter ropar efter hjälp

Vem ska då kunna skydda vår polis?
Vem har förmågan, och till vilket pris?
Vem sysslar med beskyddarverksamhet?
Vem har respekten? Ja, jag tror ni vet...

Ett kritiskt läge, tror jag mig förstå,
panik och något av moment 22
Vi kommer utan tvekan att gå bet,
om trädgårdsskötseln lämnas till en get

8 aug

Lurendrejerifasoner
fordrar kreativt geni
Direktör med ambitioner
måste vara skrupelfri

Rörelser av hög kaliber
måste växa som ett skott
Ska du kränga mycket fiber
kan det vita snabbt bli grått

Skit i dem som du ska lura,
måla upp en snygg fasad
Skicka ut din bluffaktura,
sörj för hög betalningsgrad

Britterna går mot en fyrdubbel kris – krav på att särskild vinterminister utses

9 aug

Han gnor i politikens labyrinter
Det önskas en ministerpost för vinter
Konceptet med portföljer per säsong
ger aning om att vintern kan bli lång

Vår Boris har ett fyrdubbelt dilemma,
utöver det som hänt honom därhemma
Med nyfött barn och rehab från Covid,
han ser problemen i sin fulla vidd

Väsentligast är flykten från Europa,
men jobben måste göras, allihopa
10 Downing Street har fått ett tufft ackord,
för Boris kommer hösten att bli hård

När han sen inser att hans tid är lånad,
ges vart departement sin egen månad
Och får han ändå inte nåt fördrag,
så blir det en portfölj för varje dag

Risk för ökad psykisk ohälsa när hemarbetet fortsätter

10 aug

att arbeta hemma
är en helt annan femma
än ett jobb på kontor
där du inte alls bor

den som jobbar för hårt
löper risk att bli bränd
om ditt jobb är för svårt
blir du lätt inåtvänd

den som smiter ifrån
drabbas av paranoia
är en dag monoton
finns det de som blir loja

om du knappt fått en blund
kan du bli lite trött
du kan sova en stund
om ditt jobb är för slött

det finns alltid en risk
med det liv som vi fått
ena dan är du frisk
sen blir allting så grått

med för svag stimulans
blir du alkoholist
men för lite distans
är ju också en brist

för en petig pedant
kan det bli en mani
är du för nonchalant
blir det snart anarki

är det ensamt ändå
är du less på att knega
om du jobbar för två
har du fått en kollega

11 aug

Syndabockar och heliga kor
befolkar vår herres hage
Grannen har utsett det land där vi bor
till den skyldige och den svage

På ängarna betar det svarta får
som inte får plats i gruppen
I hönsgården kacklas det i alla vrår,
på dyngstacken galer tuppen

Det är ett brokigt menageri
som darrar för världens faror
och över vår bräckliga demokrati
dinglar väljarnas snaror

Skrivbord ryker när kontor blir mötesplats

12 aug

Den nya arbetsplatsen understryker:
Kontorsanställda jobbar så det ryker!
Nu tvingas de att verkligen ta sats,
när jobbet bara blir en mötesplats

Det är ett snärj med allt som måste skötas,
utöver alla gånger man ska mötas
Vid mötets slut tar andra sysslor vid,
en situation som gjord för övertid

Ibland frambringas röken av romanser
som pyr vid mer frekventa jobbseanser
Då hämmas fliten av en annan eld,
som plötsligt drabbar en kontorsanställd

Ja, möten är ett svärd med dubbla eggar,
som jobbet döljer mellan sina väggar
Från ovärderlig tid av hög karat
till sömnig konferens med svulstigt prat

Svårt att spana efter den tid som kommer

13 aug

Jag sitter med min kula av kristall
och glor tills mina blåa ögon rinner
Ett varsel skulle bli en riktig knall,
med ovisshet om vad det är jag finner

Jag sitter vid en kopp med kaffesump,
betraktar dessa korn och reflekterar
Är det som händer blott och bart en slump
som inte ändras, hur jag än agerar?

Jag sitter med zigenarkvinnans kort,
som förutsäger vad jag har att vänta
De lämnar mig besked om smått och stort,
om händelser som ännu är latenta

Det blir rätt sällan som det varit förr,
om framtid är det alltid svårt att sia
En bild av livet bakom nästa dörr
är alltid en rätt vansklig profetia

MP slår tillbaka mot S: Alla partier måste kompromissa

14 aug

Poängen med en kompromiss
är ömsesidighet
En part som är för segerviss
kan ställa till förtret

Då blir det oftast ingen deal
och tiden rinner ut;
den starke måste va gentil
och backa resolut

Om alla bara tar ett steg
mot frågans medelpunkt,
och ingen är för stolt och feg,
så löser det sig lugnt

Babyboom bland elefanter i nationalpark

15 aug

En elefant i tidigt gryningsljus,
ett stiligt djur som skrider fram i hjorden,
som betat velden utan bakgrundsbrus,
långt före odlad mark och före orden

För två år sen stod alla stjärnor rätt;
känslan på savannen var andäktig
I varje snår en kärleksfull duett,
som fullbordades av att kon blev dräktig

För att lyckas måste Biden vinna tillbaka sina gamla grannar

16 aug

Ett skäl till att man flyttar eller stannar
kan vara hur man trivs med sina grannar
Vad grannarna har tyckt blir bara känt
den dag du vill bli vald till president

Bland grannar som du bodde vid som liten,
kan hända att du varit favoriten,
fast tonårsgrannar höjer ögonbryn
och ser en slyngel för sin inre syn

Du lyfter hellre fram en plats i livet
som lyser upp i nutidsperspektivet
Då framstår du förmer än någon trott
med stoff från andra ställen där du bott

Du väljer alltså ur ett långt förflutet
fragment som leder fram till bästa slutet
Ett kraftprov som kan vara nog så svårt
- sen hoppas du på grannarnas support

Kajakuthyraren: "Efterfrågan har gått upp 40 procent"

17 aug

Tänker du att pandemin
tar oss in till säkra ställen;
då blir detta värsta skrällen,
som kan ge dig snopen min

Ingen farkost är så rank
som den vingliga kajaken,
där det krävs att du är vaken,
vidjesmidig, stark och slank

Ska den bli vår trygga vrå,
när vår värld är full av frågor,
så vi trotsar fjärdens vågor
och styr ut på böljan blå?

Vilken märklig snuttefilt
att ta till i svåra tider,
när så många redan lider,
för att uttrycka sig milt

Är det vågspelets behag
eller andra diagnoser
som drar ut oss när det blåser
och vi går mot domens dag?

18 aug

En kvinna som skådade ljuset,
med livspartnern i Vita huset,
har nu levererat sitt tal:
- *Det stundar ett val!*

Trump sänker sig ned emot botten,
avslöjad i TWITTERUTBROTTEN
Han måste väl ändå va rökt?
- *Nu siktar vi högt!*

- *Här har vi en helyllekille,*
utrustad med smak och med snille
Joe Biden behöver vårt stöd,
på liv eller död!

Elever möttes med röd matta och handsprit

19 aug

Skolan har börjat, hösten är här,
eleverna hälsas med - Välkommen hit!
Uppropet liknar en festpremiär,
med högtidligt utrullad matta och sprit

Läsåret hägrar, läxor och prov,
nya kamrater från olika håll
Skiftande vanor och skilda behov
blandas när alla ska hitta sin roll

Skapa kontakter, hålla distans,
kraven är hårda för att bli trodd
Glöm pandemin, så har du din chans,
låtsas att skolan är Hollywood

McDonalds stänger i Karlstads centrum

20 aug

Popcorn, läsk och bio,
en oupplöslig trio,
med många runtomkring,
som tjänar på allt spring

Om då projektorn stannar,
så kommer även grannar
som levt på filmens svall,
dras med i detta fall

När Donken sedan stänger
och ingen längre hänger
i innerstadskvarter
blir mitten perifer

Om centrumtrenden viker
så bommas fler butiker,
tills sista lasset går
och inget återstår

Putinkritiker misstänks ha blivit förgiftad av te

21 aug

I Putins land förlöjligas fiktionen,
när våldsmetoder trotsar fantasin
En makt med rötter i Sovjetunionen
visar gång på gång sitt fula grin

Att verkligheten överträffar dikten,
är uttryck för ett sällsynt undantag
I Putins Ryssland sprider sig insikten
att sällsyntheter händer varje dag

Direktrapport · Carlson: "Kan finnas situationer där munskydd är befogat"

22 aug

Först var det ett jäkla tjat
om test i kolossalformat
Nu har nästa gnällpatrask
snöat in på ansiktsmask

Kallar sig expertpanel,
letar maniskt efter fel
Tror sig alltid veta bäst,
vem blir utpekad härnäst?

Kören skriker i falsett:
Sveriges väg är aldrig rätt!
Våran riktning är fatal,
se på andra länders val!

Ältandet om maktmissbruk
gör mig knappast avundsjuk,
när vår viruschef Tegnell
syns på TV varje kväll

Undrar hur en pandemi
främjar sånt felfinneri?
Kanske tidens underström
inte leder till beröm?

Vita husets chefskalkon
vurmar för konspiration
Är det via satellit,
som den spritt sig ända hit?

Enkät visar: Patienterna ofta delaktiga i smittspårningen

23 aug

En mezzosopran från Verona,
med en rådighet som kan förvåna,
ringde upp sin publik,
när hon greps av panik
av ett positivt test för Corona

Nordligt samarbete ska få bort invasiva arter

24 aug

Det finns nog en och annan som förbannar
de långa lämmeltåg som väller in
Låt vara att det råkar vara grannar
som handlar av oss, mer än någonsin

När shoppingrundorna blir för massiva,
när gräshoppssvärmen skymmer bort allt ljus,
betraktas grannarna som invasiva
och förda hitåt av en sinkadus

Så kom en pandemi och stängde porten
och det blev mörkt, fast inte nån var där,
Då insåg många vad som fanns i korten:
Förutan grannar, ingen gränsaffär...

25 aug

Korta kjolar, bara magar,
har det svårt i dessa dagar
Nu ska kläder täcka kroppen
ifrån fötterna till knoppen

Modeväxlingen är snabb,
snart får burka och niqab
dominera röda mattan
i Paris och på Manhattan

Kanske nästa fluga blir
ansiktsmask och plastvisir?
Och om den tendensen gäller,
kan vi alla bli modeller

Inga skönhetsideal
om att vara lång och smal
Min tid kommer nog framöver,
när en kropp ska skylas över

Modet rör sig i en ring,
tiden ändrar ingenting
Gammalt snitt är strax tillbaka
för de yngre att bejaka

Långa kjolar och sjaletter,
(även ljusa sommarnätter)
håret insvept i en knut -
visst var det modernt förut?

Svenskarna hamstrar munskydd på apoteken

26 aug

Mitt i pandemin
har munskyddshysterin
gjort mänskor som förbytta
till nästan ingen nytta

Regering och Tegnell
får först en massa skäll
för strategin och sveken
- sen stormas apoteken

En kris står då på lut
om alla skydd tar slut
och ingenting blir över
till stackarn som behöver

Tendensen känns igen
från förra hamstringen
då det blev skosulsklapper
till årets värdepapper

Vad föder sådan hets
i denna stora krets
av kloka individer
i jämmerliga tider?

Ger rågade förråd
en bättre chans till nåd?
Blir de en extra åra,
när tiderna är svåra?

Min inställning är nog att
man bunkrar obefogat,
men frågan hänger kvar,
kan någon ge ett svar?

Ungas skrivförmåga brister – svårt klara studier och arbete

27 aug

Nu undrar människor 'vad månde blifva?'
Om våra unga inte ens kan skriva
och ingen lyckas göra sig förstådd;
då gav vår läroplan en dålig sådd

Och visar det sig först när vi ska skörda,
så blir det sannolikt en tyngre börda
än om vi iakttagit det i tid
och huggit tag i dem som var på glid

Nu sitter vi med kullar av studenter
som är rätt undermåliga skribenter
En del kan programmera dataspel,
men nästan allihopa stavar fel

Nåt sällsynt undantag kan börja forska,
men mestadels så kommer de att torska
på grammatiken när de sökt en tjänst
och därmed visat sin inkompetens

297

Hur har de fått förbli analfabeter,
som tillbringat minst tolv år i pulpeter?
Ska nästa årgång lyckas hitta rätt
och bräcka alla dem vi övergett?

Det finns nog inget enkelt sätt att gena
på utbildningens väldiga arena
Kanhända var det fel att överge
en klassiker som Pyttans ABC?

"Gör det straffbart att vara med i ett kriminellt gäng"

28 aug

Det politiska språket
är fyllt av tomma fraser
Parollerna i bråket
är flyktiga som gaser

Det briljanta förslaget,
att straffa kriminella,
är redan vedertaget
(om vi ska va formella...)

kriminell

krimine'll (franska *criminel*, av latin *crimina´lis*, av *cri´men*
'brott', 'förbrytelse', 'anklagelse'), brottslig, olaglig,
straffbar.
(NE)

Ledare: Med en vän som Trump behöver Putin inga fler

29 aug

Stjärnorna som styr i världen,
har vi fått för våra laster
De som bäst har slipat svärden
är allsmäktiga fantaster

Maktfullkomliga despoter
finns i väster och i öster
Vilsna väljare förlåter
tyranni med sina röster

Han var insiktsfull, min pappa,
när han sa till mig som liten:
Om det blåser, vänd din kappa,
lägg din röst på favoriten;

du ska inte stå och humma,
goda råd är ofta dyra,
så var snäll emot de dumma,
en dag kommer de att styra

Peter Wolodarski:
Inget land har flockimmunitet mot det auktoritära virus som just nu sprider sig över världen.

30 aug

det fula tonar bort
om minnet är för kort
ett styre genom tvång
det händer gång på gång

det ger immunitet
mot laglös överhet
men jubla inte än
snart står de där igen

de säger att de vet
där forskarna går bet
och medger inga fel
ett tjuv- och rackarspel

en kaxig autokrat
som sprider ut sitt hat
och vinner fria val
är rätt paradoxal

vem slösar bort sin röst
på risk för evig höst
och ignorerar hot
man röstar kanske mot

mot stenarna i skon
en brusten illusion
urinvägsinfektion
och ständig frustration

man söker kanske svar
på frågorna man har
och greppar gärna då
i första bästa strå

då står han där och ler
som svar till dem som ber
och hävdar att han vann
vår folkliga tyrann

80-åring slagen med stav i huvudet

31 aug

En udda incident har gett rubriken,
vem är den skyldige i stavtragiken?
Det verkar inte va nån vanlig lantis,
kan det va Duplantis?

september 1-30

Göteborg skjuter upp 400-årsfirandet

1 sep

Stadigt en av våra största städer,
en västkustmetropol i tveksamt väder;
med rollen som vårt rikes västra skans
och skämt som inte hörs nån annanstans

Fyrahundra år är ganska länge
och värt att fira, när man kommer dit,
men sätter virus stopp för festumgänge
så får man tänja ut sin stolta svit

Då kan man fira fyrahundratvå,
en slumpbetonad siffra ibland många
Det blir nog ett rejält kalas ändå
och tiden är ju omöjlig att fånga

307

Riksrevisionen vill se större fängelser

2 sep

Trångboddheten sprider sig i landet,
många ska få rum på samma yta
Polisen fångar fler i rövarbandet,
snart börjar anstaltscellerna att tryta

Då är det dags att börja expandera,
med brist på celler får man bygga nya
Men kanske är det inte nog med flera?
Nån stamkund kanske önskar större lya?

Dags att damma av miljonprogrammet?
Beslut som satte snurr på lättbetongen
Då blir det bättre höjd på diagrammet,
med straffpotential och plats för fången

För även de som aldrig ens fått chansen,
som satsat på att skjuta, slåss och råna,
behöver hålla fokus på distansen,
så här i tuffa tider av Corona

3 sep

Politiken är en orientering,
partier har som mål att nå kontroll
De måste kunna sitta i regering,
det räcker inte med en bra paroll

Politiken är prioritering,
du står med dina favoritförslag,
men tvingas lägga krut på skuldsanering
och stryka visionära drömanslag

Politiken är negociering,
ingen uppnår själv majoritet
Då fordras ofta fingertoppshantering
och känsla för att uppträda diskret

Politiken är en orientering,
det tar sin lilla tid att hitta fram,
men har du inte krav på topplacering,
så utförs nog en del av ditt program

Bakslag efter extrem sommar på USA-börserna

4 sep

Ett aktieproffs från Örebro,
som var snarare anti än pro,
sa, när börsen gick upp:
- Det är bara ett gupp,
efter sol kommer regn må ni tro!

Kriminella blev av med miljoner

5 sep

Tror du att de kriminella gråter,
nu när kassakistan gapar tom?
Då har de snart förmögenheten åter
och strävar på mot ökad rikedom

Dieten måste inte bli så mager
och kistan kommer snart att vara full
Minns från Fältskogs odödliga schlager
att tårarna kan omvandlas till guld

Knarkodlare ertappades av polis – som låg i blåbärsriset

6 sep

Polis, polis, i blåbärsris
spanar över åkermark
Får på detta udda vis
tag på dem som odlar knark

Polis, polis, i blåbärsris,
med uppgift att beivra brott,
stöds i denna exercis
av att vara klädd i blått

Polis, polis, i blåbärsris,
läpparna av bär är blå
Säkrar hållbara bevis
som en domstol litar på

Polis, polis, i blåbärsris,
blåljus över gröna blad
Efter razzians surpris
står de skyldiga på rad

Rekordfå inbrott har skett under pandemin

7 sep

Om skurkar löper risk att infekteras
Om ficktjuvarnas trängsel saboteras
Om kriminella tvingas jobba hemma

Om inga öppna gränser kan passeras
Om inbrottstjuvar korttidspermitteras
Då har den undre världen ett dilemma

8 sep

Mänskligheten tuffar på,
det som redan finns förädlas
För att nå en ny nivå
måste okänd mark beträdas

Den är dold för våran blick,
var den finns är svårt att veta
Drömmen är ett enkelt trick;
ingen vet var man ska leta

Men om någonting går fel,
kan en kreativ förmåga
råka på en ny juvel,
finna svar på nästa fråga

Med ett öppet perspektiv,
kan ett skeende som stannat
bli ett viktigt forskningskliv
som är bra till något annat

Vill vi undvika reträtt,
står vårt hopp till mankemangen
För när någonting går snett
får vi grepp om sammanhangen

Då kan följden av en bom
bli en ny klenod i sviten,
när fördjupad kännedom
ger den sista pusselbiten

Ny trend – unga akademiker lockas av att jobba statligt

9 sep

Om unga med de bästa resultaten
blir lockade att söka jobb i staten,
har önskemålen gjort en kullerbytta
- nu vill de göra nytta!

Igår så ville alla bli artister,
trots hot om att prognosen var rätt bister
Sen var nog TV-kock det enda rätta
- men ungarna blev mätta

Då skulle alla tjäna stora pengar,
med utsikter om guld och gröna ängar
När börsen dök förflyktigades drömmen
- sen vände hela strömmen

Bland vissa barn går alltid huvudgatan
mot jobb i samma väderstreck som Zlatan
En del blir ganska bra på divarollen
- men inte vän med bollen

316

Om statsanställd kan bli det nya modet,
på trots mot det rätt magra timarvodet,
så lockas man av händelseförloppet
- att inte ge upp hoppet!

Spelade högt
– raggare frias

10 sep

En raggare i natten
har funnit sin oas
Han vrider lätt på ratten
för maximerad bas

Hans läten är så dova,
de skakar märg och ben
och den som ville sova
får skrinlägga idén

Den tunga nattrafiken
ger upphov till problem,
volymen på musiken
är minst ut sagt extrem

Försummar man kritiken
och dunkar fram för fort,
kan någon bli besviken
och syna alla kort

Då kan det vara slutåkt
med stereoraggarbil,
som vänder ljudet utåt
- en dånande missil

Men än så går de fria
- och rullar ävenså -
när denna profetia
göms undan i en vrå

"Man har inget val – man föds in i klanen"

11 sep

Den nya smittan heter Klan
och sprider sig i kluster;
kanhända via nån bulvan
- det blir en del förluster

Den Klan som sprids från far till son
blir räddaren i nöden,
vid varje nyhetsmikrofon,
i alla twitterflöden

Att bara följa en bacill
blir enformigt i längden
Snart kan man versen utantill,
en blänkare i mängden

Då kommer Klan i rättan tid
och fyller våra spalter
Man varnar oss för nästa strid
med mörka skräckgestalter

Den nya smittan heter Klan,
nu är det den som skrämmer;
besudlar oss som en trojan,
när murvlarna bestämmer

Secondhandbutik ska göra Ikea miljövänligare

12 sep

Från början var det slit och släng
och uteblivna delar
Nu följer både bord och säng
koncept som sällan felar

När hyllorna i platt paket
har spritt sig över världen,
och mäter sig i kvalitet
med den moderna flärden,

då fullföljs denna följetong
om möbelpionjären -
att sälja soffan gång på gång
blir kulmen på affären

SD-ledaren: Jag vill bli justitieminister

13 sep

Hör upp om den senaste absurditeten!
Det blåser betänkligt kring rättssäkerheten
Med hjälp av förhärdade järnrörsligister,
ska Jimmie få jobb som justitieminister

Då blir säkert rättvisan fråntagen bindeln
och opartiskheten försvinner i vinden
Om ansvar för trädgården tilldelas bocken,
finns risk att vi aldrig blir fria från chocken

14 sep

Var du hamnar är en gåta
Borra olja från en rigg?
Gå med kamera och plåta?
Stå beredd för glesa gig?

Har du ärvt ett okänt öde?
Är du söndagsbarn med tur?
Kommer anbud i ett flöde?
Känns fabriken som en bur?

På din bana genom livet
är det fullt av ekorrhjul
Har du bara rätta drivet,
kan du sluta som mogul

När du börjar skönja facit
från en tid som varit ljus,
kan det kännas lite knasigt
om allt var en sinkadus

Var du med och tog besluten
eller flöt du i en ström?
Klev du fram i slutminuten
och tog över spannets töm?

Alla har vi gått på pumpen,
det går sällan som man vill,
men den lyckligaste slumpen
är väl ändå att bli till?

Åtalas för fruktattack mot polis

15 sep

Frukten är mitt vapen
och bordet min lavett
Att slippa fångenskapen
är alltid prio ett

Polisen attackerar
och rycker fram på rad
och jag, jag replikerar
med en melonkrevad

Är friheten i fara
så stiger energin
Då tvingas jag försvara
mig med en mandarin

Försvåras galenskapen
blir nästa projektil
ett kärnbestyckat vapen,
en persikomissil

325

Och gör de mer krumbukter
bemannar jag ett träd;
ett regn av ruttna frukter
ska få dem ned på knä

Förvärras sen tumulten
med hotfull dominans
blir plommonkatapulten
min allra sista chans

"Stockholm kan inte alltid stå tillbaka för landsbygden"

16 sep

Där hemma blir vi lätt provinsiella
och tycker att vår ställning är unik
Det finns väl en tendens att gå och gnälla,
som har sin egen inbyggda logik

Vi tycker andra får så mycket mera
och vår portion är blott en halvmesyr
Vår frustration kan när som helst brisera;
vi ser oss som en ömkansvärd martyr

Det handlar sällan om bestämda fakta,
fastmer vår subjektiva fantasi
Och ingen är nog villig att beakta
de spår som ger en vink om hyckleri

"Sverige drivs isär när Handelsbanken stänger"

17 sep

Den som sjappar sist får släcka lyset,
beskylld för sabotage av fredagsmyset;
sån tur för alla dem som redan gått
och slipper pekas ut för detta brott

I själva verket inleddes processen,
när hemdatorer fylldes med finessen
att göra bankaffärer hemifrån;
nu sköter man det från sin telefon

Om ingen längre söker sig till banken,
så får man kanske vänja sig vid tanken
att detta något ödsliga kontor
ger plats för nåt som lockar människor

Så har historien gått i alla tider,
allt gammalt får kasseras vad det lider
Och alltid har det kommit något nytt,
som ersatt företeelser som flytt

Det kan va lite svårt vid övergången,
när många står och väntar på perrongen
Men oftast går det bra att byta spår,
förstår man när man fått ett prövoår

Vår tillvaro kan inte vara statisk,
ibland är ändringstakten högst dramatisk
Utvecklingen kan aldrig få bero
- i nuet måste nästa skede gro

Uppfiskad haj bet tillbaka

18 sep

En ordentlig minnesbeta
blev effekten härom dan,
när en man som skulle meta
miste viktiga organ

Den här dagens fiskafänge
fick ett omvänt resultat
och man undrade rätt länge
vem som skulle bli till mat

Hajen tog initiativet
och högg till i självförsvar
Mannen kämpade för livet,
när hans nöd var uppenbar

Armen gick inte att rädda,
det försvann en redig bit
Resultatet av det skedda
blev en enarmad bandit

Stor tragik och svåra scener
i en omild livsmiljö
Hajens liv är bara gener;
äta, para sig och dö

Varken onda eller goda
kan man kalla dessa djur
Ingen plan, får man förmoda,
bara obändig natur

Ensam kandidat. Nooshi Dadgostar vill leda ett bredare vänsterparti. Lördag 8-15

19 sep

För vänstern härskar Henry Ford
i val om 'hur' och 'vart'
Det är en form av medlemsvård,
men alla väljer svart

Med bara ett alternativ
och endast en kulör,
är risken stor att nästa giv
ger makten en favör

En regnbåge i en nyans
ger inte mycket prakt
och mångfalden har mist sin glans,
när alla går i takt

20 sep

Ytan poleras,
men kärnan är brun
Hat paketeras
i riksdagstribun

Agg dekoreras
med lismande ord;
rätten serveras
vid dukade bord

Folket duperas
med svensk tradition
Fakta kastreras
till konspiration

21 sep

Varje populistparti
har en given liturgi,
som så ofta sammanhänger
med rätt tarvliga poänger

Svåra frågor, enkla svar,
är receptet alla dar
Utan fingrar på en bibel
blir din sanning mer flexibel

För att vinna sympati
med din vurm för tyranni,
låna argument från snubben
som du träffade på puben

Tveka aldrig, gå på knock,
peka ut en syndabock;
välj en typ som många andra
också gärna skulle klandra

Satsa hårt på dubbelspel,
medge aldrig några fel
Om du missar sammanhanget,
skyll på etablissemanget

Mångmiljardprojekt.

Svensk koldioxid kan lagras i Norge

22 sep

Om vi riskerar viten
så blir väl konsekvensen
att vi får dumpa skiten
på andra sidan gränsen

Så skruvar vi upp pratet,
maskerar oljepannan,
och skyller sen klimatet
helt fräckt på någon annan

Nya regler hotar asyldrömmar

23 sep

Nazisterna fick monopol
på flyktingpolitiken
(och svävar du i tvivelsmål,
så kolla historiken)

När nassarna fick massivt stöd
i svenska opinionen,
gick alla ut och överbjöd
i värnet om nationen

Så nu stängs alla gränser till
och ingen opponerar
Nazisterna får som de vill,
när andra insisterar

Kvinna försökte mörda make med spetsade kakor

24 sep

Ondsinta makor
smular piller
Sju sorters kakor
blir en thriller

Skjuss in i ugnen,
grädda bröden;
hettan där hungern
möter döden

Nygräddad kaka
på din bricka
Vågar du smaka?
Skrämselhicka!

Kaffe på sängen,
jo, jag tackar!
Dags för refrängen,
Karon knackar...

25 sep

Tänk, danskorna var sena
att demaskera männen
som onda och gemena
i skydd av persiennen

De stängde säkert gränsen
som stopp för övergreppen,
och trodde att frekvensen
gått upp med bron och skeppen

Då tog de kanske miste,
för mordet på seglatsen,
var nåt man redan visste
om dansken Peter Madsen

Så svaret står att finna
i nära relationer,
som gör att mången kvinna
får utstå aggressioner

Det gäller alla länder
och kanske alla tider,
om inte vinden vänder
till stöd för dem som lider

Ledare: Donald Trump hotar hela den globala demokratin

26 sep

Varför får jag inte rösta,
fast jag styrs när han bestämmer?
Ska jag själsligen misströsta
i ett ödesval som skrämmer?

Är hans väljare från vettet
när de hyllar denne sälle?
Får vi bara kvar skelettet
av ett aktat rättssamhälle?

Alla borde denna tisdag
ställa upp för världssamfundet,
assistera de förlista
och dra vraket bort från grundet

Direktrapport · Hovet i pengakris – vill ha mer statligt stöd

27 sep

Inga penningar i pungen,
klagar nu den svenske kungen;
han har slut på apanaget
som ska föda entouraget

När japaner och kineser
inte ger sig ut och reser,
går ruljangsen ned i botten
för de svenska Vasaslotten

Vem ska ansa kungens häckar
när det saknas täckta checkar?
Vem går runt och släcker ljuset
och vem krattar trädgårdsgruset?

Vem ska vattna blomsterprakten
och vem arrangerar jakten?
Allting kräver mer resurser
för att undvika konkurser

Låt oss stoppa detta flöde
och besegla kungens öde;
apanaget minimeras
om han långtidspermitteras

Katrine Marçal: Därför syns inte Londons finansvalpar längre till

28 sep

Valparna jobbar hemma,
borta är slipsparaden
Inte en bolagsstämma
samlas i innerstaden

Viruset bröt sejouren
av vilda champagneyror
Tomma står glaskontoren
med sina höga hyror

Valparna kan inte veta
vad hemjobbet föranleder
De väljer att va diskreta
med sina börsmopeder

Om Covid förmörkar solen
i City de närmsta åren,
kan detta dra undan stolen
för hela mäklarkåren

Vad gör man med alla husen?
För det finns ett par scenarier;
ett som kan göra susen
är ombyggnad till akvarier

Tidning: Trump undvek skatt i åratal

29 sep

Snubben tycker han är cool,
jäser i sin talarstol
Agiterar hårt på Twitter,
svarar bara när han gitter

Snubben pröjsa' ingen skatt,
skaffa' sig en fet rabatt
Inget stort problem för svansen;
samma fusk om de fick chansen

Snubben saknar sans och vett,
har ett opolerat sätt
Lögner står som spön i backen,
blåser liv i hejarklacken

Britter uppmanas ringa polisen om grannar i karantän fuskar

30 sep

Britter försmäktar i svår pandemi
Boris ger order om angiveri
Burdus, impulsiv och totalt skrupelfri
Brexit bebådar en kostsam sorti

Bryssel förhandlar, men tonen är frän
Bankerna väljer att byta domän
Barkar det fel kan det bli karantän
Britterna undrar vadan och varthän?

344

oktober 1-31

Presidenten gav isande besked om valresultatet

1 okt

Blir valutgången inte en repris,
och clownen röstas bort från sökarljuset
Då måste han nog hämtas av polis
och hårdhänt släpas ut ur Vita huset

Han saknar uppenbarligen respekt
för rättssamhället och konstitutionen
En sansad individ blir lätt förskräckt,
när kungen måste lyftas bort från tronen

Men så tycks sakförhållandet se ut,
han måste tro att han står över lagen,
och ska han då förstå att det är slut,
så krävs det nog ett stadigt grepp om kragen

Donald och Melania Trump har testat positivt för corona

2 okt

Vanligtvis går högmod före fall;
de flesta missdåd får sin reaktion
Det sker förstås med skilda intervall,
men händer nu i lögnens bastion

Ödets ironi är hänsynslös,
när han som sa 'Det mojnar före påsk'
nu kanske tvingas ligga i kuvös,
för krämpor han nyss kallade för pjosk

Han lämnar snart sin presidentperiod,
och eftersmaken är väl minst sagt fadd
Det blir en ganska märklig episod,
om han tar avsked på lit de parade

Ökat handtvättande har skapat högtryck i skånska tvålfabriken

3 okt

I Skåne gör en fabrikör
förtjänster över målen
Det får honom på gott humör
att ha ett grepp om tvålen

Den enes död, den andres bröd,
så är det hela tiden
I fattigdom och överflöd,
i skapelsen och striden

I slottsgemak och trångboddhet,
så tvår man sina händer
För slarv är inget epitet
som frambringar legender

Donald Trumps valkampanj har kollapsat

4 okt

Hans åtgärder var närmast nonchalanta
när virusspridningskurvorna blev branta

De primitiva svaren var genanta
och råden alltid lika arroganta

Replikerna till media var raljanta,
hans analyser knappast intressanta

De obestridda lögnerna flagranta
Hans plumpa påhopp alltför välbekanta

Min slutsats är den enda relevanta:
Att presidenten är en riktig planta

Överläkaren om Trumps åktur: "Är galenskap"

5 okt

Ett veritabelt gyckelspel,
ett dåraktigt spektakel
Han har en roll för egen del
som självutnämnt orakel

Han nonchalerar alla råd
från kända professorer
och njuter av en stor applåd
från världens diktatorer

Han stjäl intresset var minut,
man hinner inte blinka
När sjukdomsläget är akut,
så ska han ut och vinka

Ger order om en limousine,
med dubbla eskortörer,
för två minuter dopamin
och enstaka flanörer

Han står i ljuset dygnet runt
och hela världen tittar;
en fena på att prata strunt
om ämnena som smittar

351

Han plågar oss 24/7
med lögner, skryt och babbel;
fördärvar varje intervju,
generar med sitt schabbel

När ska vi slippa detta ris,
man bundit oss åt ryggen?
Blir en kamel vårt jumbopris,
när vi har silat myggen?

Virusmängden ökar kraftigt i Stockholms avloppsvatten

Covid-19

6 okt

Andra vågen spolas ut
med stadens avloppsvatten
Corona skjuter en salut
i oktobernatten

Innan du har fått symtom
befordras hon i träcken,
för Covid är en autonom
som avger säkra tecken

Smittan blossar upp igen,
då återstår det svåra
Vi inser 'att' men inte 'vem'
och måste börja spåra

Eleverna: "Svårare än man tror att lära sig svenska språket"

7 okt

En pensionerad språkpolis,
som följer minsta sportnotis,
har tagit på sig kallet
att stoppa sönderfallet

Han hör på radion varje dag
- fast språkbehandlingen är svag -
Slår av den på direkten
som följd av dialekten

Han sitter alltid uppmärksam
och hör sitt favoritprogram
Sen lyfter han på luren
och ringer klagomuren

Han tycker att ett slarvigt språk
har satt en fläck på vår epok
och allra värsta sorten
den finns på radiosporten

Han bläddrar i sitt morgonblad,
examinerar varje rad,
där särskilt grammatiken
gör granskaren besviken

En röst på nån reklamkanal
har upp- och nedgång i sitt tal;
han ratar den stationen
för felintonationen

En språkpolis är aldrig nöjd,
kritiken är i sig en fröjd,
han yvs nog över detta
att rycka in och rätta

Bilägare frustrerade över de många felen i nya elbilar

8 okt

Bilarna som går på el
drabbas nu av många fel
Kärran som tänkts fram av snillen
har en dator bakom grillen

En klimatsmart drivrutin,
inga utsläpp av bensin,
men dessvärre flera buggar
som all nytta överskuggar

Bilen drabbas av problem
med sitt operativsystem,
när helt döda batterier
blir till datorhaverier

När till sist Supporten kom
med sitt råd att 'starta om'
hände inget bakom ratten
som kan sprida ljus i natten

Sviden blir en tummetott
efter vådligt strömavbrott,
föraren bär syn för sägen
när han lämnas kvar på vägen

Rekordmånga oroliga över brottsligheten

9 okt

Om media hela tiden
orerar över brotten
så blir vår världsbild vriden
av skurkarna och skotten

De krigar och de rymmer
med braskande rubriker
och ställer till bekymmer
när ordningsmakten sviker

Det blir den enda frågan
som fäster på tapeten;
den kriminella plågan
som orsakar förtreten

Det skrivs om att vi svävar
i laglösa enklaver,
att alla går och bävar
för nästa gängpalaver

Vår oro sägs ha ökat
på grund av kriminella,
med klanerna som stökat
och hot som är reella

När sedan instituten
har frågor om det skedda,
om risken att bli skjuten
är nåt som gör oss rädda

förvånar det i grunden
om alla skulle svara
att bäst trivs man i stunden
när livet är i fara

Fredspristagaren: Fyra gånger fler kan dö av hunger än av covid

10 okt

Världsproblemen, ett i taget,
radas upp för våra blickar
Jämnt doseras obehaget
som experter förutskickar

Fredagsmöten för klimatet
Branta kurvor med corona
Män som underblåser hatet
Massprotest i Barcelona

Från de vida kunskapsfälten
och ur djupa visdomsbrunnar
får vi uppgifter om svälten
och den svartsyn man förkunnar

Bidragsfusk av blatteklaner
Ökat våld i relationer
Bolagsfiffel med bulvaner
Handelsstopp för emissioner

Permittering av piloter
Höjda statsanslag till bängen
Kraftigt sänkta flyktingkvoter
Buggning av de värsta gängen

Mycket trubbel att besinna
Många skillnader att göra
Flera drabbningar att vinna
En vision att genomföra

Tänk på lättsinnets elände
och allt gott vi underlåter
Trångmålen har ingen ände,
löses ett, står tusen åter

Ny undersökning:
Var tredje säger nej
till coronavaccin

11 okt

Utan kunskap är man ofta säker
och antar utan tvekan att man vet
Huserar man nånstans där alla bräker
blir följden lätt en viss fårskallighet

Den som söker vidga perspektivet
måste noggrant pröva varje rön
Lärdomstörsten underblåser tvivlet;
varje planta bildar nya frön

Internet har skapat flera platser,
där kaka söker maka utan koll
Bedragare kan göra punktinsatser
och slippa preciösa förbehåll

Där sprids det obelagda teorier
om högt och lågt i obestridlig ton
Det handlar om förmenta haverier
och pekar mot en ond konspiration

Dit söker sig mest vilsna existenser
som spanar efter syftet med sin tro;
de irrar runt och letar preferenser,
på pass att låta nya griller gro

"Gårdsförsäljning är en bluff av Sveriges största alkoholföretag"

12 okt

Det låter jämt så näpet
inför en avreglering,
och lika pinsamt häpet
vid varje demaskering

"Det ska bli lägre priser
och gynna personalen",
men löftena förliser,
liksom affärsmoralen

En fräck och slipad lobby
kan alltid fabulera,
att sysslan är en hobby
man inte ska reglera

När sedan bilden klarnar,
så blir det svårt att backa
- Sån tur att någon varnar,
den ängeln vill jag tacka!

Fler värnpliktiga kan rekryteras när försvaret utökas

13 okt

När många fler får chans att göra lumpen,
så är det inte längre bara slumpen
som avgör om en fiende på rull
ska stöta på patrull

Om främmande arméer kan bestämma
att öppna front där inte nån är hemma,
så är det alltför lätt att ta sig ton
- och starta invasion

Nu rekryteras hugade soldater
som varning till fientligt stämda stater
Bemanningen ska skicka en signal
om hög försvarsmoral

Att bara ställa upp vår svenska tiger,
kan va en åtgärd som blir ödesdiger
Vi får nog hellre mobilisera trupp
än rätt och slätt ge upp

363

En nykläckt kull får därmed sammanstråla
i stram givakt och lära sig att åla
Få kunskap om sin vapenarsenal
- och lyda sin korpral

Sexbrott.

Över 800 ville "hyra" flickvän

14 okt

En tid när många väljer bostadsrätt
och egna hem har blivit alltför dyra,
har kanske hemlösheten föranlett
att somliga blir sugna på att hyra?

Nya försök att lösa las-frågan

15 okt

det blir svårt att lösa las
efter det förslag som las
vem som kommer undantas
avgörs först i nästa fas

Så kan Trump vinna valet – även om han förlorar

16 okt

Nu skriver jag en stump
om han som kallas Trump,
den folkvalde despoten
som är så självbelåten

Det hände av en slump
att han som kallas Trump,
en clown bland twittertrollen,
fick axla huvudrollen

Att han som kallas Trump
för jämnan är så plump
och ociviliserad,
det gör mig smått generad

Jag glor i kaffesump,
ser han som kallas Trump
som segrare i valet
- hur kan det bli så galet?

Ledare: Tyvärr finns inget vaccin mot egoism

17 okt

De fotbollsspelare som jagar cupen,
kan inte bara tänka på sig själva
I valet mellan egot eller gruppen
ska resultatet gynna alla elva

På samma sätt fungerar samhällskroppen,
med mönster från en klassisk gyll'ne regel
Det kräver dock från botten upp till toppen
att alla vänder blicken från sin spegel

Om människor kan komma undan pesten
med hjälp av enkla stick ifrån en spruta,
så stör det mig om få kan hota resten;
det har de inte rätten att besluta!

Men folk kan snöa in på bieffekter
hos annars väl fungerande vacciner
De blommar ut i allehanda sekter
och sprider sig på nätet som laviner

Om skaran av immuna börjar krympa,
så gäller det att inte tappa taget
Då är det ont om tid att börja ympa
och dags att sätta laget före jaget

Hur hejdar man en våg av egoister?
Hur får man en förblindad att begripa?
Om inget sker - och samhällskroppen rister -
så plockar jag nog fram min visselpipa...

Pandemin visar
att världen har råd
med Parisavtalet

18 okt

Nu lyfter dimman från klimatfarhågan,
en lösning på den verkligt stora frågan
kan möjliggöras när vi bjuder till;
Corona visar att vi har förmågan
att göra stordåd - om vi bara vill!

Valarbetare gör allt för att undvika mardröm

19 okt

Vet de om att världen skrattar
när han håller sina tal,
åt besluten som han fattar
i sin avskilda oval?

Vet de om att världen gråter
när han kränker svarta liv?
Inser de hur hemskt det låter
med hans grova invektiv?

Vet de om att världen pinas
av hans nya kalla krig?
Alla fel som jämt är Kinas
i hans torftiga intrig

Vet de om att världen bävar
när han sitter med sin kod?
Ingen vet vartåt vi stävar,
livet hänger på en tråd

Vet de om att världen lider
av ett farofyllt klimat?
Nonchalans i orostider
präglar denna potentat

Vet de om att världen flinar
åt hans fåniga frisyr?
Tänk att frostig stämning tinar
med ett garv åt den som styr

Rekordår för lyxvillor

20 okt

Pengarna bränner i fickan,
man kan sätta sprätt på en vinst
Du kanske haft turen med brickan,
sånt sker när du anar det minst

Pengar på kontot ska rulla;
ett guldkantat flerårskontrakt!
En färsking med fickorna fulla
bör sannolikt va på sin vakt

Pengarna gör inte mannen,
men putsar väl upp hans fasad
En vräkighet värre än grannen
gör ofta den fåfänge glad

Pengar ger många kamrater,
den rike blir lätt populär,
men sky alla vänskapspirater,
som uppenbart vill dig förnär

Är pengar en genväg till lycka?
Är kärleken öppen för bud?
Ett svårlöst problem, kan man tycka,
för fästmannen och för hans brud

Allt fler vill köpa skog i länet

21 okt

Alla delar av vårt län
drivs av denna näring;
investerar du i trän,
får du återbäring

Du kan bygga stora hus,
snida nåt i ene,
driva spa i björkars sus;
mångfald, nota bene

Olja gjord på långa barr,
grillkol av en kotte,
bockad sarg till en gitarr,
virke till en flotte

Limpor bakade av bark,
plagg av cellulosa,
träd i en botanisk park,
sirlig pillerdosa

375

Materialets väg är lång,
avstamp på ett hygge;
lastas med en jättetång,
landar på ett bygge

Investerar du i skog
eller biomassa,
växer träden, och snart nog
blir du stadd vid kassa

Så vill techmiljardärerna i Silicon Valley bli odödliga

22 okt

Evigt liv - det verkar trist;
kunskap om vår hädanfärd
gör att denna korta frist
nästan jämt är mödan värd

För en IT-miljardär
är det samma knappa tid
som vi andra vistas här
innan tystnaden tar vid

Varje stund är exklusiv,
när vi närmar oss vår död;
en effekt av evigt liv
vore tid i överflöd

Gör det bästa av den stund,
som har fallit på din lott
Om din inställning är sund
blir nog också livet gott

Stefan Löfven: "Det får vara slutfestat på nattklubbarna nu"

23 okt

Dags att bratsen slutar festa
i miljön runt Stureplan,
när de flesta för det mesta
inte ens går ut på stan

Men en väl bemedlad gosse
lyssnar knappast på Löfvén,
knegartyp och gammal "såsse"
ifrån andraklasskupén

För att gå på grundorsaken,
ge dem mindre veckopeng
Om så krävs, försegla haken
för pompösa glassargäng

Åldrande schimpanser behåller sina bästa vänner

24 okt

Du, kvinna eller man,
förakta aldrig djuren,
de har ett trumf på hand:
- De dyrkar inte luren

I kupan bor det bin
med kraft att samarbeta
Med myrors disciplin
blir födan lätt att leta

En ensam antilop
tar sista andetaget,
när alla går ihop
i hela lejonlaget

I mitten av en hjord
är tryggare att vandra;
man går med andra ord
i skydd utav varandra

Ja, arterna är bäst
i skilda discipliner,
grupperingen härnäst
är våra apkusiner

De har en fallenhet
att måna om kontakter;
det bästa som de vet
är varaktiga pakter

Med vem man blir ett par,
kan växla för schimpansen,
men vännerna finns kvar
intill den sista dansen

Stor ökning av digital vård under pandemin

25 okt

Datorerna tar över doktorsrollen,
med Internet som allmän vårdcentral
När det är dags för 70-årskontrollen,
så blir den alla gånger digital

Beskedet blir en nolla eller etta,
mitt svar kan vara svart såväl som vitt
Om nästa steg kan datorn sen berätta,
när nätet nästa gång blir störningsfritt

Framöver får du googla på symtomen
och leta fram din egen frågespalt
För många tips kan va ett dåligt omen;
du söker sådant som är anbefallt

Du kanske bara har en lindrig krämpa,
nån efterhängsen halsbränna som sved;
en tjatig huvudvärk du måste dämpa;
förslitning i en slutkörd axelled

Med tiden blir vi alla digitala,
vi föds och lever livet på distans
Familjerna sprids ut och blir globala
och hemarbete får en renässans

Vi springer på i pryl- och framgångsjakten,
forcerat, utan chans att veta vart
Så när vi slutligen drar ur kontakten
för avskilt cyberliv, blir skärmen svart

En epok i graven – slut
med hyrfilm i butik

Strömnad film.

26 okt

Många företeelser passerar,
blott ett fåtal kommer att bestå
Det som först i början imponerar
hamnar kort därefter i depå

Låtar lagrades i bandkassetter;
Internet blev nåbart med modem;
dokumenten la man på disketter;
databaser hölls ihop med gem

Vissa prylar minns vi inte mera;
en i raden hette minidisc;
åter en var cykeln från Itera
och allt från TV-shop som gör dig frisk

Segway fick ge plats för elsparkcykeln,
tjocka teven byttes mot en platt
Knapplås blev en ersättning för nyckeln;
kaminen styrs numera med en ratt

Vi handlar alla varorna på nätet
som förr tillhandahölls i en butik
I ganska nära tid är allt förgätet,
vår framtid kommer aldrig bli sig lik

Hundratals klagomål mot stadens nya parkeringsapp

27 okt

En app-lisa uppväxt i Kransen
gick med Tinder och sökte romansen
När hon fann en juvel,
som parkerade fel,
blev det knepigt att hålla distansen

Nästa president måste laga den trasiga motorn

28 okt

Nåväl, att motorn hackar,
men värst är ju chauffören,
som gasar fast han backar
och sparkar konstruktören

Han sitter bakom ratten
och skryter över bilen
Skroderar i debatten
om häftigaste dealen

I början av epoken
var alla oberörda;
man glömde maktanspråken
och blev väl vilseförda

Då kränkte han förmätet
den starkare rivalen
Tog plats i förarsätet
och tryckte på pedalen

Frisyren är hans lindrigaste lyte
- nu fattar ni att läget är akut!
Då hjälper inget vanligt oljebyte;
här måste hela motorblocket ut!

Han skymfar resenärer
och sprider växthusgaser
Gör svindlande affärer,
idisslar sina fraser

Han rev Parisavtalet
och dissar vetenskapen
Han gödslar med förtalet
och peppar folk med vapen

När reporna i lacken
blir tydliga för alla
- förutom hejarklacken,
som fortsätter att skalla

Då kan vi bara hoppas
att allting slutar funka
och färden plötsligt stoppas
av synkad fyrhjulspunka

29 okt

Jag gillar mina grannar,
det kommer ständigt nya,
men ingen av dem stannar
intill min ungkarlslya

De verkar jämt så snälla;
jag ber dem komma över
och vara informella,
ta fram det de behöver

Jag ger dem snygga gester,
slår an den goda tonen,
och bjuder dem på fester
som prov på ambitionen

Jag sitter på balkongen
med blicken över taken;
kan njuta av säsongen
och sola mig helt naken

Jag lever med musiken,
den sköna operasången;
blir hög av akustiken
som finns i trappuppgången

Jag älskar mina grannar,
nu har jag haft rätt många
Hur gör man så de stannar
när ingen går att fånga?

Först verkar de så fina,
sen blir de som förbytta;
min godhet börjar sina,
men varför vill de flytta?

Dom i narkotikahärva.

Förvarade 75 kilo sprängmedel i sin garderob

30 okt

En ättling till Alfred Nobel
fick sin skolning som sprängargesäll
Han tog ingen notis
om sin anfaders pris,
men gav fyr med en helvetes smäll

Många kunder i Ullared - trots skärpta regler

31 okt

Tänk, hundra konsumenter
får knö i shoppingcenter
och trängas i affär
- men inte på konsert

En annan märklig genre
är fulla restauranger,
som bara får kritik
när de tar dit musik

Vad är det med musiken
som tvingar politiken
till sånt förmynderi
mot allt med melodi?

Kan någonting i sången
beröra valutgången
som gör att riksdagsmän
vill skylla allt på den?

november 1-30

1 nov

Maffiapresidenten
har egna dödspatruller,
som laddar argumenten
med våld och hotfullt muller

Världen måste bäva,
när han som är problemet
får chans att undergräva
det lagliga systemet

Hur fick detta hända,
hur sprack den starka sömmen?
Ska lögnhalsen få skända
den amerikanska drömmen?

Ledare: Klimatet klarar inte fyra år till med Donald Trump

2 nov

När verkligheten överträffar skämtet
När överkuckun själv är imbecill
När rättssamhället dras mot sista flämtet
När orden inte längre räcker till

Då skrämmer vårdslösheten med klimatet
Då räds jag arrogans och övermod
Då fruktar jag det underblåsta hatet
Då blir det tufft med ännu en period

3 nov

Hur kan det va så jämnt, jag tror jag drömmer?
Hur kan han ens ha möjlighet att stanna?
Kan inte dessa väljare som dömer
förstå att snubben är en galenpanna?

Hans trogna anhang köper handeldvapen
och hotet om en sammandrabbning växer
Han hetsar mobben genom okunskapen,
helt utan demokratiska reflexer

Nej, låt mig vakna upp ur denna mara
och lova att det faktiskt inte händer
De skador det kan få är omätbara;
radera denna dag ur min kalender!

GOOD MORNING AMERICA?

4 nov

"- Vacker och genomklok,
i mina bästa år",
hälsade han,
så jagcentrerat och naket
Påhittad i en bok,
självisk så det förslår,
lystrade han till namnet
"Karlsson på taket"

Dryg och förmäten knös,
som redan nått sitt tak,
avbryter plumpt
i nästan alla dueller
Självgod och hänsynslös,
talar i egen sak,
som våran rollfigur,
fast utan propeller

**Trump attackerar valet
när Biden har medvind**

5 nov

Är detta svanesången,
när folkstyret försvunnit
i världens äldsta grundlagsstyrda stat?

Att följa valutgången,
fast motståndaren vunnit,
är grunden för en hugad demokrat

Jag undrar från schäslongen
hur långt vi faktiskt hunnit
mot realisation av vackert prat?

6 okt

När ledarvalet blir en strid på kniven,
går förra vinnaren på offensiven
och har som ambition att kapa staten

Med målet att förrycka perspektiven
så sparas inte in på invektiven
och påbuden till dem som bär plakaten

Det allra viktigaste av motiven
är avsikten att inte bli fördriven
vid räkningens fördelning av mandaten

Min egen etta bland alternativen
är att han blivit kvar på intensiven,
den covidpositiva psykopaten

Därför vägrar Trump erkänna sig besegrad

7 nov

Nej, än är denna freakshow inte över,
jag medger att jag känner mig nervös;
vad ska han dra igång för ny manöver
i väntan på att han blir arbetslös?

Det är ju trots allt han som för befälet
i världen alltför många veckor till
Är galningen för het på eftermälet,
finns risken att han inte sitter still

Om någon kunde låsa Vita huset
och säkra att han inte tar sig ut;
slå av hans telefon och släcka ljuset,
så kanske det kan bli ett lyckligt slut?

Valet i USA

Michael Winiarski: Det första
Biden väntas göra är att USA
återinträder i klimatavtalet

8 nov

Idioten har fått foten
och vi vågar kanske hoppas
på förnyat samarbete om klimatet

Forskning visar smälta isar,
deras lopp kan inte stoppas,
men konsensus kan befrämja resultatet

Folkflertalet har i valet
sagt att landet måste ledas
av en ansvarsfull person som tror på fakta

Slutsignalen i finalen,
bättre tider ska beredas
även om det skulle visa sig gå sakta

9 nov

Med nye presidenten bakom ratten
så följer nog en trevligare ton;
ett hövligare tilltal i debatten,
en bättre chans att ena sin nation

Med nye presidenten bakom ratten
så hedras tecknade klimatavtal;
där finns förvisso både vin och vatten,
men infallsvinkeln är trots allt global

Med nye presidenten bakom ratten
kan svarta liv få chans att spela roll;
om alla tillåts blomma i rabatten,
syns prakten både nära och på håll

Med nye presidenten bakom ratten
kan sjuka oftare beredas vård
En stjärna glimmar i coronanatten,
som hittills varit både lång och hård

Med nye presidenten bakom ratten
så tror vi på en vänligare ton;
ett hövligare tilltal i debatten,
en stolt och samarbetande nation

Vetenskapen ska leda Bidens kamp mot smittan

10 nov

Han formar sin doktrin
mot viruspandemin
och vässar sina vapen
med hjälp av vetenskapen

Det finns ingen magi,
men vanlig empati
och goda föresatser
ger färre snedseglatser

Den som med ödmjukhet
kan fråga de som vet,
får sundare premisser
än varje besserwisser

Butiksdöden slår hårt mot Sveriges stadskärnor

11 nov

Går vi mot en tid av öde städer,
där skuggor smyger fram som dissidenter?
Utan plats att köpa skor och kläder,
annat än i stora shoppingcenter

Blir det ett moras av tomma gator,
med några få neonljus som reliker?
Handeln koncentrerad till din dator,
ständigt fylld av nya webbutiker

Vågar man befinna sig i staden
när all kommers har flytt till andra trakter?
Kanske blir effekten av rockaden
isolering, helt utan kontakter?

Alkoholförsäljning förbjuds efter 22

12 nov

Covid har nu mött Moment 22;
rekommendationerna är kända,
alla vet, men ingen vill förstå:
- Det beror på oss om nåt ska hända!

Vi har svårt att umgås med distans,
även när man råkar vara nykter;
värre om man bjuder upp till dans
efter en supé med starka drycker

Är man utan sällskap på en bar
eller på nåt AW för att mingla,
har man inget bra immunförsvar
när man stöter på en riktig pingla

Utfall av för mycket alkohol
blir rätt ofta tanklösa repliker
Brukaren blir lössläppt och frivol,
tappar sitt förstånd och minnet sviker

Ska vi då få stopp på vår bacill
får vi vackert vila med kalasen
Tvinga dem som ändå inte vill;
stänga haken när vi blir i gasen

Det är inte mycket man begär
för att vi ska få ett slut på soten
Frihet är en dygd vi håller kär,
men kan också bli en black om foten

Så, se upp tills klockan blir 22,
sen finns ingen alkohol på krogen
Den som ändå vägrar att förstå
inser att hans vilja finns i skogen

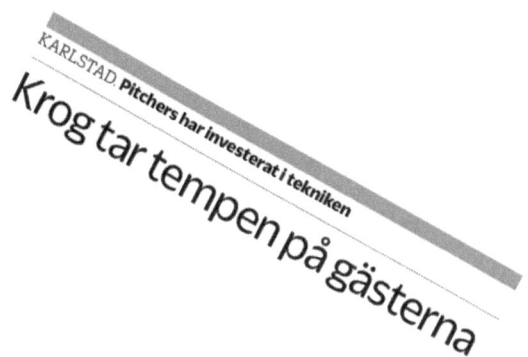

13 nov

Nog är den lite indiskret,
den nya proceduren
att pröva gästens lämplighet
med hjälp av temperaturen

Förr skulle man va hel och ren
och någorlunda nykter;
nu mönstras man som i armén,
på tvärs mot vad man tycker

Jag tror de flesta går förbi
en krog med den agendan;
man nobbar nog ett brasserie
med krav att visa ändan

14 nov

Styggare är ingen fara
än en tankad partyskara
i Coronafyllda tider -
större risk vad kvällen lider

Trots beslut om strikta ramar
blir det många hälsningskramar;
ingen tänker på distansen,
man har fullt sjå med balansen

Ett beslut om restriktioner
hjälper inte mot hormoner,
den som stöter på sin kära
vill nog gärna komma nära

När man inför nya lagar,
som en större grupp beklagar,
ska man inte ut och varna
innan bilden börjat klarna

Oavsett om man nu tycker
att man ska förbjuda drycker,
bör man hugga på direkten
för att uppnå maxeffekten

Falukorvens framtid kan vara hotad

15 nov

'Lagoma korvar är bäst',
har klubbats av kommissionen
Gjorda på gris eller häst
och lagom till matportionen

Korven ska va lagom tjock
och lagom porös för att skivas
Väsentligen måste den dock
få middagsgäster att trivas

Hur korven ska bli lagom böjd,
får charkuteristen bestämma
Men kunden ska alltid bli nöjd
vid spisen och bordet därhemma

"Norsk mobbning av svenskar hot mot samarbetet"

16 nov

Petter Northug var en riktig rese,
sen kom Marit Björgen och Therese
Norge dominerar alla spår;
nya påläggskalvar varje år

De går från vaggorna till sina gravar
på skidor och tar fart med långa stavar
Gamla hjältar finns i varje vrå:
Dählie, Ulvang och så Oddvar Brå

Vi trodde nog att de som alltid vinner
var utan chans den dag då snön försvinner,
men sedan har de spelat flera kort:
Kastar långt, hoppar högt och springer fort

De vinner och kvitterar stora checkar;
blir bäst i världen på att klippa häckar
En hel familj med samma löptalang
har tagit plats i större sammanhang

Vi står på läktaren i stum beundran,
när svenska äss har hamnat i skymundan
Vi spekulerar när vi ser det ske,
men kommer inte undan spott och spe

Varför ska det va så kul att retas
när man står på pallen och är hetast?
Även hjältar möter övermän
och alla vet att svinhugg går igen...

Löfven: Ta ditt ansvar för att stoppa smittan

17 nov

Löfvéns mimik betonar gravallvaret,
han bjuder oss att satsa på det rätta
- Bestäm dig för att bli en del av svaret,
istället för att jämt ifrågasätta

Nu är det slut på tonårsattityder,
som innebär att alla tror sig veta
Det viktigaste är nu att vi lyder,
så facit inte blir en minnesbeta

Förkasta alla råd ifrån novisen;
lägg undan alla hemvävda metoder
Och lyssna uppmärksamt till expertisen
- Det gäller att ta vara på sin broder

Trump sparkar chef som avvisat påståenden om valfusk

18 nov

Han sprattlar envist ända in i kaklet,
det övergivna, nyss förlista vraket
Han fortsätter befalla
i fallets villervalla;
det finns visst ingen ände på spektaklet

Stormköket utsett till Årets julklapp

19 nov

Vi måste bygga fler destillerier
Corona slukar alltför mycket sprit
Vem kunde ana det om pandemier,
när smittan ännu inte kommit hit?

Nu går vi mot en tid med mycket helger,
som många måste fira utomhus
Då köps det både burkar och buteljer;
då pyntas det med lyktor och med ljus

Det kräver sprit att tvätta sina händer;
en redig snaps till varje liten sill
När spritköket blir en av årets trender
så räcker produktionen inte till

Då måste spritfabriker bränna mera,
så varje klapp förlänas sin ranson
Tegnell behöver givetvis agera
och säkerställa denna expansion

Trumps advokat: "Nationell konspiration"

20 nov

Från 1700-talet fram till nu
har ljuset spritts med ökad magnitud
Magi och underkurer blev tabu
då tanken och förnuftet blev vår gud

När större kunskap fyllde oss med hopp
fick fler en chans att skruva upp sin röst
Nu anar vi att det har gått en propp;
när mörkret faller har det blivit höst

Simhallar och gym hölls öppna – trots råd om motsatsen

21 nov

Det är nog inte för att vara grym,
som han Tegnell serverar sina råd
Och ber han oss att inte gå på gym,
finns knappast några skäl att be om nåd

Nu tycks det som att tiden är ur led,
när gym alltjämt har sportsmän på visit,
fast alla redan borde ha stängt ned
och säkrat så att ingen kommer dit

Om gymmen ändå hamnar i beråd
och skyller på för stor motionsaptit,
finns goda skäl att tolka dessa dåd
som outtröttlig jakt på mer profit

SVT/Novus: Var fjärde svensk säger nej till coronavaccin

22 nov

Vartenda barn får chansen att studera;
rätt många kliver fram och kan briljera
Men allt är ändå inte guld som blänker:
Var fjärde svensk har otur när han tänker

Vi erbjuds skydd mot viruspandemier,
men fastnar alltför lätt i bryderier
Visst är 25% en hisklig summa -
så många kan väl inte vara dumma?

Lissabonbor tillbaka i stan under pandemin

23 nov

I bistra tider vänder man på slanten
och hoppas väl att löningen ska räcka
För ingen vill ju trilla över kanten
på grund av alla utlägg den ska täcka

Då ser man att på andra sidan slanten
kan siktas en tendens till bättre tider
Att höja blicken över tallrikskanten,
ger bilden att det ljusnar vad det lider

På ena sidan finns det helgturister,
som handlat friskt i Lissabons butiker,
men där finns också sociala brister,
som träder fram när byggnationen viker

På andra sidan: Tomma lägenheter,
när covid-19 stoppat charterflyget;
det ger en hemlös nya möjligheter
och höjer därmed pandemibetyget

419

Ett mynt är dubbelt präglat såtillvida
att innebörden styrs av den som tyder
En fördel kanske finns på varje sida,
i samklang med hur talesättet lyder?

Nye ministern väntas sätta punkt för "America first"

24 nov

Är det slut på lögnerna och skräcken?
Kan vi hoppas på en riktig punkt?
Om det bara är ett kommatecken,
blir det svårt att sova riktigt lugnt

Tror vi att systemet klarat biffen?
Ska vi faktiskt våga andas ut?
Kommer den förhärdade sheriffen
självmant sadla av när det är slut?

Klarar han sig utan sina solon?
Utan sin tribun för väljarfångst?
Tänk om punkten blir ett semikolon,
i väntan på en fruktad återkomst

700 000 sålda munskydd på en vecka

25 nov

Omsider är moralen återfunnen,
efterspanad sedan många år
Människor som går med skydd för munnen
tänker bara på hur andra mår

De värnar omsorgsfullt om hygienen
och byter skydd frekvent varenda dag;
bangar inte värsta stötestenen,
offrar sig så andra har det bra

Du anar kanske att jag är sarkastisk
och inte riktigt tror på deras skäl
Jag kan ju stundom bli en smula drastisk,
vid vittring på en öm akilleshäl

Skydd för mun och näsa hjälper föga,
för dem som valt att bära dessa skydd;
förstår de inte det, så är de tröga
och denna missuppfattning gör mig brydd

För fortsatt hälsa bör de stanna inne
och inte ränna runt med mask på stan;
det tycks va svårt att hålla i sitt minne,
men är den hållning som är mest human

26 nov

Att vi går omkring och trängs
gör att pandemin förlängs
Oavsett om någon ser oss,
står det klart hur vi beter oss

Samma maning gång på gång,
som refrängen i en sång
Ändå tycks vi inte fatta
- lydnaden är rena natta!

Kan du inse vad som krävs,
när respekten undergrävs
för den vassa vetenskapen,
som ska va vårt bästa vapen?

Alla går omkring och vet
nåt som saknar bärighet;
repeterar bagateller,
rabblar torftiga tabeller

Självförtroendet är stort
och det expanderar fort,
men att fylla den kostymen
kräver mer än längsta plymen

424

Friskolor strider för skolpengen – gör samtidigt miljonvinster

27 nov

Tänk att det ska va så svårt att fatta
att skolan måste bygga på behov;
mer resurser till de eftersatta
och inget till privata stôlleprov

Skolorna ska inte va på börsen
och inte ha principen 'först till kvarn'
Inte ska vi släcka penningtörsten
hos ägarna, med hjälp av våra barn

Offra kollektiva skattemedel
på en redan välbemedlad grupp???
Skicka pengar mot en ordersedel
- detta borde granskas under lupp!!!

Skolans uppgift är kompensatorisk;
man hjälper var och en efter behov
Min enkla utopi är provisorisk:
- Vi snuvar krämarna på deras rov!

*Fler paket och risk för trängsel
ställer till det för postombud*

28 nov

Trånga rum med långa köer
skapar gynnsamma miljöer
för en påpasslig bacill,
alltid viss om vad hon vill

Hon är alltid grymt flexibel,
har en följd som är horribel
Hon har kraft som är brutal,
skiftar snabbt till ny kanal

När vi byter öppenheten
mot de inslagna paketen,
står hon snart i smittsam skrud
hos vårt närmsta postombud

Man har svårt att gå ur vägen
- om än aldrig så benägen
Hon är med oss överallt,
attackerar tusenfalt

Vi går på i ovissheten
över flockimmuniteten,
den klenod vi åtrår hett,
men som ingen ännu sett

Så löser företagen gåvorna när julborden är inställda

29 nov

Julborden står tomma
till hälsotalens fromma,
med hopp om att begränsa
Corona och influensa

Vi ser det som ett omen
som minskar kräksymtomen
och kanske är finessen
att reducera stressen

Då blir det fler presenter
och färre patienter;
en fördel för oss alla,
när ödets lotter falla

"Vi hoppas alla vuxna vaccinerar sig"

30 nov

En vuxen mänska kännetecknas av
att tänka längre fram än näsan räcker
Med sunt förnuft och relevanta krav
parerar hon de faror som förskräcker

En vuxen mänska fattar själv beslut
och blir med årens lopp alltmera mogen
Hon lär sig av de fel hon gjort förut,
gör oftast kloka val, sin vana trogen

En vuxen mänska läser av en risk
och väger sedan den mot möjligheter
Med rätt bedömning håller hon sig frisk,
helt oberörd av domedagsprofeter

december 1-31

De måste gå till jobbet – även under pandemin

1 dec

Svårt att vårda sjuka på distans
Mäta temperaturen
Ronden genom luren
Någon förs iväg i ambulans

Svårt att klippa håret på distans
Önskas schamponering?
Svart eller blondering?
Frambringa volym och elegans

Svårt att bygga kåkar på distans
Hitta sågtekniken
Träffa rätt på spiken
Snabbt ha alla verktygen till hands

Svårt att blanda drinkar på distans
En vill jämt ha bubbel
Andra tar en dubbel
Nån glor in i väggen som i trance

431

Svårt för folk att jobba på distans
Någon ruineras
Många permitteras
En och annan lägger patiens

Bottenresultat för Liberalerna: "Lägsta siffran sedan 1972"

2 dec

Det kluvna folket har fått nog
av påstått liberala
Måhända att de föredrog
de mera sociala,

med inriktning på jämlikhet
och tonvikt på reformer,
när ännu inte fåvitskhet
gett smak för hårda normer

Nu stöder man en ministär,
men flaggar för nåt annat
En spretig mix som inte bär
när motorn tycks ha stannat

Med få matroser kvar på däck
och med en bräcklig skuta,
som även tycks ha sprungit läck,
hur ska väl detta sluta?

"Ett virus som lurat oss många gånger"

3 dec

Lita aldrig på baciller,
misstro dessa lömska kryp
Även om du får ett piller
kommer raskt en annan typ

Virus' chans att överleva
är att hitta ny logi
Adam först och sedan Eva
i ett ändlöst koppleri

Tvärtemot vad man kan önska
existerar detta hot
Faller aldrig ned i glömska,
fyller upp vår sjukdomskvot

Krögarna kräver kraftigare åtgärder för överlevnad

4 dec

Nu ligger krögarna på intensiven
och tvingas byta drinkarna mot dropp
De lever än, men saknar nog oliven,
när krogens hetta byts mot febertopp

I nödfall kan de hamna under kniven;
vid stängningsdags kan läget bli akut
Allt hänger på de nya direktiven,
om källarmästarna ska härda ut

En krögare som känt sig övergiven,
men ändå genomlider denna kris,
kan fira att hon inte blev fördriven
och ta en partydrink med mycket is

Skilda regler kring skidåkning skapar osämja i Europa

5 dec

Några önskar bättre glid,
andra vill ha fäste
Allas mål, emellertid,
är att bli den bäste

Gå i täten som ett lok,
lura sist i klungan
Löpa fullständigt amok,
vädra hela tungan

Storma fram i samma spår,
våga välja valla
Den med piggast pump och lår
vinner över alla

6 dec

Utsatt by vid världens ände
blir symbol för vårt elände
Alla undrar vad som hände
- Dags att sätta stopp!

Störningen är ödesdiger
Risken, liksom haven stiger
Krisen skärps om alla tiger;
barnen är vårt hopp!

Gaserna i atmosfären
har gett upphov till misären
Stadigt smälter glaciären
ned vid varje pol

Vårt förflutnas fel och brister
för oss in i nya tvister
Ge all världens aktivister
bättre talarstol!

Reseföretagen sämst på klimatinformation

7 dec

Naturligtvis är värsta utsläppsgrisen
som sämst i denna kundupplysningsgren
och tonar ned de tydliga bevisen
mot det som höll ihop affärsidén

Man sågar inte av den egna grenen
- då smutsar man istället ned i smyg
och sätter inte gärna på sirenen,
som varnar för effekterna med flyg

Nej, luta dig mot objektiva källor
för klanderfri klimatinformation
Då rundar du de osakliga fällor,
som gillras av intressekollision

8 dec

På fälten vajar rågen
Här stannar aldrig tågen
Hit drog den gröna vågen
glad i hågen,
men förfelad

Här fastnar unga grabbar,
den typ som krisen drabbar;
ursäktar när han rabblar
sina tabbar
förfördelad

Här samlas epa-vraken
på avstånd från gemaken,
men alla vet att smaken
är som baken,
alltså delad

Ulrika om hemarbete: "Står i garderoben och jobbar"

9 dec

Ring, klocka, ring för dem som jobbat hemma,
ring ut en sorgsen tid i karantän
Med tacksamhet, på dina bara knän,
sjung ut behaget med din klara stämma

Ring ut ett plågat år som helst ska glömmas,
med hopp om många möten nästa år
Bryt upp från mödorna i trånga vrår,
ring in att garderoberna ska tömmas

440

10 dec

Polarnatt är ett nordligt attribut
som tycks ha expanderat söderut
Ett mörker ingen sett i mannaminne
belägrar oss och tynger nu mitt sinne

Vad gör man när det skymmer mitt på dan
och hissen sitter fast på bottenplan?
Kommunens annonsering kan man spola
när ingen ändå ser en skymt av sola

Med denna höga dos melatonin
dräneras vi till slut på energin
Om mörkret ångar på och slår rekorden
får många av oss söka sig till vården

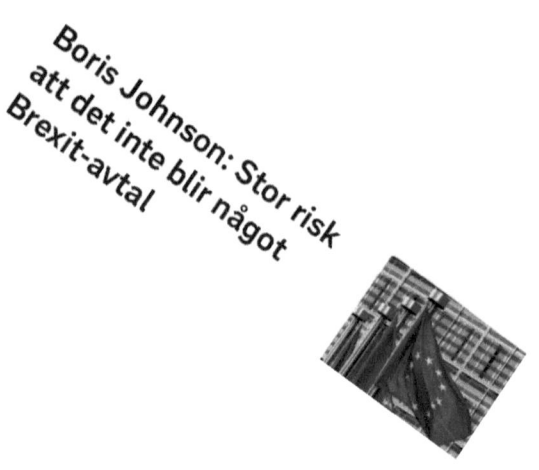

Boris Johnson: Stor risk att det inte blir något Brexit-avtal

11 dec

Vi står vid slutet av en lång process,
en världsnyhet på tv och i press
Dess orsak är en stolt imperiestat
som kryddats med en nypa främlingshat

De ville inte vara en av oss,
Europa var en alltför stor koloss
Man fick en liten övervikt för ja,
på villkor att behålla allting bra

Nu blir det kanske uppenbart till sist
att inget återstår av det man mist
Besvikna britter får ett enkelt svar:
- Den kaka man åt upp finns inte kvar

442

Kameler lastade med knark åkte fast

12 dec

Tullen tog på nytt en knarkkurir
på flykt i närheten av Agadir
Den gripne tycks ha blivit missförstådd;
i smuggelsammanhang var puckeln nådd

Förövaren, som kom i karavan,
var ingen vanlig Svensson-marockan
Han var en pionjär i sitt gebit,
den förste i sitt slag som åkte dit

Han säger att han lever som kamel
och hävdar att han inte gjort nåt fel
Den lömska typ som surrade hans last
försvann från scenen innan han blev fast

Expert dömer ut myndigheternas corona-agerande mot äldre

13 dec

Experter står som spön i backen,
tävlar om att veta bäst
Alla drar sitt strå till stacken,
ingen stannar vid sin läst

Pastorer eller professorer,
sugna på en stor publik
Kuratorer och doktorer
levererar frän kritik

De får en stund i sökarljuset
när de vågar ta sig ton
Blinkar till i mediebruset
oavsett sin profession

De män som inte blev profeter
i sin egen disciplin
tror de äger färdigheter
som kan stoppa pandemin

"Sannolikt med avtalslös brexit"

14 dec

Boris strider tappert i finalen
Hastar över engelska kanalen
Pratar fort och håller hårt i hatten,
kämpar ända fram till nyårsnatten

Håller krystat liv i fredssamtalen
Brottas i den fallande spiralen
Ler och håller låda oavbrutet
Sockrar kuren ända in till slutet

Spelar upp förhandlingsritualen
som kuliss för samarbetsavtalen
Låtsas vara med till sista rundan
för att ändå hjälpligt komma undan

Statens sms väcker kritik – därför saknades länken

15 dec

Coronatidens karakteristik
är fylld av illa underbyggd kritik,
i form av långa hätska monologer
från alla sorters hemmavirologer

Så många ger sig in i polemik
om smittskyddsstrategi och -politik
Vad gör att alla dessa är så heta
på att förmedla allt de tror sig veta?

De frossar i oändlig retorik,
garnerad med en massa statistik
Kanhända denna svada sammanhänger
med undertryckta önskningar som tränger?

16 dec

Midnatt råder över Vita huset, Vita huset
Presidenten tänkte släcka ljuset, släcka ljuset
Snicksnack, snicksnack,
snicke-snicke-snicksnack,
snick-snick-snack

Lockade rasister upp ur vrårna, upp ur vrårna
Lät dem slippa tassa fram på tårna, fram på tårna
Snicksnack, snicksnack,
snicke-snicke-snicksnack,
snick-snick-snack

Extremister putsar sina vapen, putsar vapen
Högsta hönset hyllar galenskapen, galenskapen
Snicksnack, snicksnack,
snicke-snicke-snicksnack,
snick-snick-snack

Enfaldsvälde, rena diktaturen, diktaturen
Landet skulle byggas bakom muren, bakom muren
Snicksnack, snicksnack,
snicke-snicke-snicksnack,
snick-snick-snack

Lyckligtvis fick stollen stryk i valet, stryk i valet
Annars skulle allting gått så galet, gått så galet
Snicksnack, snicksnack,
snicke-snicke-snicksnack,
snick-snick-snack

Trött på jobbet? Så väljer du en karriär som gör skillnad

17 dec

Den bästa dagen i min karriär
var då jag gick från jobb till pensionär
Jag slapp bekymren om vad man ska bli
och kände mig helt plötsligt bara - fri!

Jag hade gjort min plikt i fyrtio år,
såväl i motvind som i innerspår;
beredd att alltid föra mig korrekt
till kvällningen från stunden jag blev väckt

Man tränades att hålla låg profil
och möta tarvligheter med ett smil
Det kändes bäst att vara till behag,
när samma folk stod kvar där nästa dag

En pensionär gör livet fritt och glatt,
man är sin egen förman dag som natt
Jag företräder bara mig och mitt
och då blir allting mer bekymmersfritt

Nu gör jag bara saker som är kul
från nyårsafton fram till nästa jul
Jag byter tidsfördriv allt eftersom
och träffar bara folk jag tycker om

Regeringen vill möjliggöra nya dykningar vid Estonia

18 dec

Det räcker med ett litet frö,
så börjar misstron gro
Förljuget prat tycks aldrig dö,
det ger oss ingen ro

På tok för många tror att rök
har eld som utgångspunkt,
men ryktet är ett envist ök
som obett vandrar runt

Det söker sig till trånga hus
och pressar in en fot
Grasserar där det saknas ljus,
om oron slagit rot

Av främlingskap och oförstånd
får ryktet energi
En populist är dess sekond,
komplott dess teori

450

I varje ny konspiration
ses skumma sammanhang
och avancerad aggression
från etablissemang

Begynnelsen till alla fel
är jämt nån rik semit
som skördar vinst för egen del
men aldrig åker dit

För varje tillbud finns en bov
som gjorde det med flit
Polisen mörkar alla prov
- politisk dynamit!

Den syndabock som går emot
en mäktig ryktesvåg
har checkat ut som patriot
och fått sin epilog

Restriktionerna skärps för att bromsa smittan

19 dec

Ska man gråta eller skratta
när folk har så svårt att fatta?
Krävs det morot eller piska,
ska man ryta eller viska?

Kan vi stoppa dödlig smitta,
är det oklokt att försitta
denna chans att hejda skutan,
innan alla tagit sprutan

Så fundera över detta,
hur du ger och gör det rätta
Det finns ingen tid att öda
på att bara räkna döda

Dags att slå en kullerbytta,
sätt igång och gör nån nytta
- Inse vad det kan betyda
om du faktiskt börjar lyda!

SVARTA PENGAR.

250 miljoner kronor miss-tänks ha tvättats på väx-lingskontor

20 dec

Svarta pengar blir som vita
med beprövad rekvisita
Byken går i en triangel,
vittvätt, tork och sedan mangel

Undre världens toppjurister
letar fram systemets brister
Deras enda rättesnöre
är att ligga steget före

Ordningsmakt och byråkrater
jagar fåfängt fotsoldater
i det bleka sökarljuset,
missar lätt det grövsta buset

Dessa hukar långt från skylten,
aldrig fingrarna i sylten
De hanterar många strängar
i sitt spel med svarta pengar

21 dec

Jag ska be att få ställa upp
med en visa om en kupp,
som tog plats på 80-talet
till förfång för folkflertalet
Men covid kan desarmera
den nyliberala eran
Undanröja en relik
- det behövs mer politik!

Vår minister, sköna Magda
ligger bakom ovan sagda
Hon fick ärva högerns skador,
fylla på i våra lador
Hon vill bygga nånting för alla
ingen välfärd ska förfalla;
hon som framstått som en gnet
visar solidaritet!

Det blir politik med sting,
imponerande beting
Snabba spår för alla tågen,
gott humör för ekologen
Det förväntade resultatet
med en satsning på klimatet
och en värdig äldrevård,
klingar fint som slutackord!

22 dec

Så skönt att vara i opposition
och alltid sitta med de rätta svaren;
expert på varje virusmutation,
på samma sätt som killarna i baren

Perfekt att ha en säker läktarplats
och hävda sånt som aldrig ska bevisas
Att lyfta fram sin ädla bragdinsats,
som enligt egen uppgift borde prisas

Det bästa är att slippa stå till svars
för brister i den förda politiken
Bekvämt att axla rollen som staffage
och aldrig falla offer för kritiken

Butiker planerar rea – trots uppmaningar om att ställa in

23 dec

Ett hot mot alla kunder
och även expediten
är denna reablunder
som urskuldas med spriten

Regeringen har bönat
och bett att ingen sviker,
men köpmännen har stönat
om halvtomma butiker

Tänk, inget kan förvåna
när handeln slätar över
Dess skäl är monotona
och stavas alltid: Klöver

Annorlunda år avslutas med en annorlunda jul

24 dec

Covideländets köld är hård,
virus med smitta och plågor
frestar på sjuk- och hälsovård,
oroar många med frågor
Doktorn vandrar en dödlig rond,
syster lossar en uttjänt sond
Folkhälsomyndigheten
ansvarar för dekreten

Statsepidemiologens röst
börjar förlora sitt skimmer
Hjärtat som bultar i hans bröst
kanske har drabbats av flimmer?
Alla fattar om han är trött
efter all den kritik han mött;
köar för covidspruta,
undrar när han får sluta

(Fritt efter Tomten *av Viktor Rydberg)*

Johnson: Vi har tagit tillbaka kontrollen över vårt öde

25 dec

Stora ord ur liten mun
tar plats i nyhetsflödet
Vem påstår att han denna stund
kan kontrollera ödet?

Jo, kufen i en ensam stat
som stritt mot exkolleger,
vill få det till ett resultat
som låter som en seger

Så kan framtidens distansarbete påverka ekonomin

26 dec

Kostnaden stor för kontor
Avgasodör utanför
Argsint mimik i trafik
Lång karavan in till stan

Lantlig adress, mindre stress
Leva inpå sina små
Närmare djur och natur
Jobb hemmavid sparar tid

Året då ett dödligt virus tog grepp om hela världen

27 dec

Så fick då det globala
sitt stora genombrott
Ett hot i väldig skala
har fallit på vår lott

Det hemsöker planeten,
varhelst och varje stund,
och hela mänskligheten
har slutit ett förbund

Vi enas inför hotet
med samma skräcknivå
I pestens tid på klotet
är alla lika små

28 dec

En olycksdrabbad tid kan skymma solen,
förmörka livet som ett överkast
Man sitter utan hopp på skrivbordsstolen,
helt stum av en förbryllande kontrast

Igår var himlen blå med vita tussar
Idag sveps världen in i svarta sjok
Man transporteras ned i djupa slussar,
förundrad av hur allting går på tok

Vi sätter vårat hopp till morgondagen
och tror att solen åter ger oss ljus
I skenet blir det slut på obehagen;
förmörkelsen var blott en sinkadus

Pandemin har gjort tydligt avtryck bland årets nyord

29 dec

Språket sätter ord på allt vi ser
och det vi har behov av att beskriva
En del kreeras redan när det sker,
men annat tar sin tid att införliva

Vi vidgar våra vyer med begreppen
för sånt som varit dolt till denna dag
Och om de inte faller oss på läppen,
så har de kanske nyhetens behag

Det duggar alltså tätt av ordförslag
En del av dem fantastiskt kreativa
Dock saknas uppslag från konservativa,
som tycker nyord doftar domedag

Därför är 2021 uppdukat för ekonomins revansch

30 dec

Covid vann första matchen på poäng
och gav ekonomin rejält med däng
Nu måste kontrahenten ge igen
med ursvensk mandom, mod och morske män

Vår åtgärdsplan ska vara ambitiös,
så ingen frisk person går arbetslös
och ingen tvingas ut på permission
till följd av smärre fel på framtidstron

Nu måste alla kurvor peka upp,
till gagn för varje tänkbar väljargrupp
Det gäller att få fart på våra hjul,
för rättvist överflöd i slott och skjul

Ett svårt år ringer ut – med
önskan om ett bättre 2021

31 dec

Hon såg nog inte mycket ut för världen
de allra första veckorna på färden
Sen blottades vårt års potential,
decenniets portal

Hon bar på alla möjliga talanger
i mångahanda fack och skilda genrer
De ledde ofta fram till dramatik
och fick en fet rubrik

Där satt jag isolerad vid min dator
med pressrubriker som katalysator
Och utan alla resor kors och tvärs
fanns tid att skriva vers

Jag fattade ett stadigt grepp om kragen
och hoppades få till en vers om dagen
En svit jag aldrig lyckats med förut
- men nu är året slut

Det blev rätt många verser om Corona,
om råden, som ibland var polyfona
Amerika behandlades frekvent,
och landets president

När 2020 nån gång ska summeras
är skitår en benämning som traderas
Trots jämna tal är minnet som består
ett ganska udda år